残業の9割はいらない

ヤフーが実践する幸せな働き方

本間浩輔

光文社新書

はじめに

本書を手に取られた方の大半は、企業や団体に属して働いている人たちだと思います。そこではじめにみなさんにお尋ねします。

三〇年後、あなたは何歳になっていますか?
そのとき、どんな仕事をしていますか?
仕事をしているとしたら、どんな働き方をしていると思いますか?

今、多くの企業が「働き方改革」を進めています。本書のタイトルにもある残業(時間外労働)の抑制、テレワークの導入、副業の推進など、いくつかのテーマが掲げられており、労働生産性の向上やワーク・ライフ・バランス、女性の活躍といったキーワードもよく耳にします。

けれども、ただ闇雲に残業を減らすだけの施策になってはいないでしょうか。さらにいえば、残業代を削減するためだけのものになっていないでしょうか。

つまり、現実に企業内で展開されている改革は、果たして未来を見据えたものになっているのか――これこそが、本書を通じて私が問いかけてみたいことです。

本来、「働き方を変える」とは、企業が自社のあり方を見つめ直し、組織と個人が健全な関係性を結び、働く一人ひとりが自律的に考え、行動し、学ぶという非常に射程の広い改革であるはずです。また、この改革は、企業の人事部門がこれまで先送りにしてきた課題を一気に解決するチャンスにもなるかもしれません。

ところが、実際には各企業の働き方改革は、単に「ブームだから」「競合他社もやっているから」といった理由から、安易に進められているようにも見受けられます。中には、改革を行うにあたって目的を設定している企業もあるのでしょうが、その目的も多くの場合は、短期的なスパンで見たものにすぎないのではないでしょうか。

働く個人の方はどうでしょうか。

みなさんは、従来からの働き方を変えることは自分たちの未来を変えることだという意識をどのくらい持っておられますか。

私が勤務するヤフーでも、現在、働き方改革を実施しています。ヤフーの場合、改革の目的ははっきりしています。さまざまな制度や施策を通じて、企業としてありたい姿を実現しようとしています。

といっても、私はヤフーの改革が完璧なものだというつもりはありません。その目的がどのくらい社員の間に浸透しているかといえば、まだまだ心もとないところもあります。

しかし、今後もこの改革を継続、加速させることによって、社員一人ひとりが会社の制度や取り組みを通じて自分なりの働き方を確立し、間もなくやってくる「人生一〇〇年時代」をうまくサバイブできるようにと願っています。

本書の構成についても、ここで説明しておきます。

まず第一章では、ヤフーが導入した「週休三日制（えらべる勤務制度）」を例にとりながら、働き方改革の本質や目的についてお話しし、時流に乗っただけの戦略性に乏しい改革がはらんでいるリスクにも言及します。

第二章では、週休三日制をはじめ、テレワーク、新幹線通勤、サバティカル、コンディショニングなど、ヤフーが導入している制度や実施している取り組みについて解説します。

第三章では、働き方改革が直面する課題を取り上げます。具体的には、徹底されていない成果主義や機能していない目標管理制度（MBO）、頑張れば報われるという日本の文化や過剰なまでのおもてなしの精神、自律していないビジネスパーソンといったさまざまな事象と、その背景にあるものを読み解いていきます。

第四章では、働き方改革が始まった今という時期を企業や仕事のあり方を見つめ直す好機ととらえ、改革を成功に導くための条件を検討します。そのうえで、企業の経営者、人事担当者、マネジャー、社員のみなさんに向けて、私から提言をします。

そして終章では、三〇年後の未来を展望してみます。二〇四八年の日本社会や企業はどのように変化し、人々はどんなふうに働いているのかということを、できるだけ多角的な視点で予測し、人生一〇〇年時代の働き方や、第一線を退いた後の生き方についても考えてみたいと思います。

この構成をご覧いただければわかるように、本書は「残業の減らし方」について解説するものではありません。では、なぜ『残業の9割はいらない』という(やや極論めいた)タイトルをつけたのかといえば、それは、本書を通じて、「時間」や「頑張り」といったインプットではなく、アウトカム(成果)で社員を適正に評価する「正しい成果主義」にもとづいた働き方の試案を提示してみたかったからです(そして、私たちが考える働き方改革の哲学について、みなさんからのフィードバックをいただきたいとも思っています)。

経営者は、長期的な利益につながる戦略を描いてリソースを効率的に配分しつつ、組織の構造改革を進める。人事は、自社に合った働き方改革の先頭に立つとともに成果主義を徹底する。マネジャー層は、部下の仕事ぶりをよく把握して管理職としての役割を果たす。そして、一人ひとりの社員は、自律してアウトカムを出すことに専念する。これこそが、私たちの考える改革の哲学であり、これによって「正しい成果主義」が実現すれば、残業は今より大幅に少なくなるはずです。

「理想はわかるけど、現実はそうはいかないよ」と思われる方もいると思います。その気持ちはよくわかります。

しかし、人事担当者や人事の責任者が働き方の理想を語らないで、誰が語るのでしょうか。社会が豊かで便利になり、働き方に関するたくさんの情報がある今こそ、自分たちの理想を明らかにして施策を磨いていくことが、私たちの責任なのではないかと思います。

なお、詳しくは第一章で述べますが、私は大学でスポーツ科学を専攻してシンクタンクに就職するという少々変わった形でキャリアをスタートさせ、その後、スポーツ専門サイトの起業に参画し、さらにヤフーに転職して現在に至っています。文中にスポーツに関する事例やたとえ話が多いのはそうした経歴もあってのことですので、どうぞご理解ください。

本書が、真の働き方改革を進展させる一助となれば望外の喜びです。

残業の9割はいらない

目次

生産性が低いのは社員のせいか？
企業は「家族」ではない。「チーム」である。
メンバーシップ型からジョブ型へ
生産性を上げるのは、トップが描く戦略次第
結局大切なのは「事業立地」だった
経営者が人事に関心を持つべき理由
人事制度の抜本的改革を
人事に必要なのはデータとファクト
人事こそ働き方改革を
人事部門を置かなかったヒューレット・パッカード社
マネジャーを「渇かせる」には？
ミッションを知って、プレイングマネジャーに逃げない
マネジャーに求められる能力、勇気、胆力
収入が下がったとしても、幸福度をキープするために

第一章

「週休三日制」は楽じゃない

週休三日と聞いて、どう思いますか？

二〇一六年九月二五日、日本経済新聞の朝刊に「ヤフー、週休3日制検討　全従業員対象」という見出しで、次のような記事が掲載されました。

ヤフーは、約５８００人の全従業員を対象に週休３日制の導入を検討していることを明らかにした。働き方の多様化を進めることが目的で数年内の実現を目指す。

この制度は、ヤフーでは「えらべる勤務制度」と名づけられ、翌二〇一七年の四月に導入されました。当面は、子育てや介護などの事情を抱えた正社員や契約社員が対象で、土曜・日曜以外にもう一日休暇を取得し、週休三日で働くことが可能となっており、記事の通り、いずれは全従業員が週休三日で働けるようにすることを目指しています。

この記事はかなりインパクトがあったと聞いています。これを読んだ世の中の企業経営者の中には、「社員がそんなに休んで、ヤフーは大丈夫か。社員が努力しない会社になるのではないか」といぶかしく思った人もいたかもしれません。

けれども、そういう指摘はやや的外れで、この「えらべる勤務」はけっして努力しない社員を許容するような制度ではありません。ただし、今後、この制度を運用し、拡大していくためには、いくつかの問題について今のうちによく考えておく必要があります。

たとえば、給料はどうするかという問題です。現行の「えらべる勤務制度」では土日以外の休暇は無給の扱いとなり、週休三日で働く人の給料は下がることになります。

しかし、今後、この制度を利用する社員の中に「私は週休三日でも効率よく働きますから、給料は下げないでください」と言う人がいたら、どうすべきでしょうか。仮にその人の言い分を認めるとして、本人の「効率のよい働き」を会社としてどのように把握すればいいのでしょうか。

週休二日という一般的な枠組みがいったん崩れれば、「私は三日間で四日分働くので、週に四日休んでもいいですか」と言う人も出てくるかもしれません。週休四日はさすがに極論のようにも聞こえますが、働く時間の総和が変わらないのであれば、週に四日休んでもべつに構わないではないかと考える人がいたとしてもおかしくありません。

いつ働くべきなのかという問題にも向き合う必要がありそうです。「取引先から電話やメールが来ない日の方が集中して働けるので、土曜日に出勤して、日曜、月曜、火曜と休んでいいですか」などと言う人が現れるかもしれないからです。

土曜日や日曜日に出勤するのは、百貨店や飲食店などのサービス業ではふつうの働き方ですし、同様に週末働きたいと希望する社員がヤフーにいたとしても、まったく不思議ではないでしょう。

実際、私の友人のある会社社長は、金曜日と土曜日に休んで、日曜日に出勤しています。彼には、経営者として重要な意思決定をするためには、日曜日に静かなオフィスに来て、ひとりでじっくりものを考えたり資料を読み込んだりするのがいいという持論があって、自らそれを実践しているのです。

Show me the outcome!（成果を見せろ！）

このように完全週休三日を念頭に置くと、いろいろと検討しておかなくてはいけないことが出てきます。

そして、私はここに働き方改革の本質があると思っています。

以前、私が、他社で管理職を務める知り合いに、この「えらべる勤務制度」について話したところ、感覚の鋭い彼は即座に、「ああ、ヤフーの社員さんはこれから大変になりますね」と感想を述べてくれました。

たしかにその通りで、週休三日はけっして社員に甘いだけの制度ではありません。なぜなら、この制度の裏側には、「成果主義の徹底」というコンセプトがあるからです。「時間にとらわれずに自由な働き方をしてください。だけど会社はあなたの成果をもとに評価しますよ」というのが、ヤフーの進めようとしている働き方改革にほかなりません。会社は社員に対して、拘束時間の対価としてではなく、成果の対価としてお金を払う。そういう考え方に立っていると言ってもいいでしょう。

私が好きな映画に、『ザ・エージェント』（キャメロン・クロウ監督、一九九六年）という作品があります。大手スポーツエージェント会社の敏腕エージェントが、会社の方針に反して「選手をもっと大切にすべき」という提案書を提出したためクビになり、同僚と個人事務所を設立、唯一残ったクライアントである落ち目のフットボール選手と奮闘する、というヒューマンストーリーで、アカデミー賞（作品賞）にもノミネートされました。

この映画の中で特に印象的だったのは、トム・クルーズが演じるエージェントのジェリーが、フットボール選手のロッドと電話でやりとりするシーンです。

「君のために何ができる?」と問いかけるジェリーに、ロッドは「俺の好きな言葉を叫べ」と言って、こう続けます。

「Show me the money !」

金を見せろ！　つまり、ごちゃごちゃ言っていないで、俺のために大金を持ってこい、高額の契約を取ってこい、というわけで、ノリノリのラップミュージックが流れる中、ロッドはジェリーに「もっと大きな声で」とか「心を込めて」などとダメ出ししながら、この「Show me the money !」を繰り返し叫ばせるのです。

この名シーンになぞらえて言えば、ヤフーの働き方改革におけるキーワードは、「Show me the outcome !（成果を見せろ！）」となります。会社は社員に対して、週休三日をはじめとする自由な働き方を認める代わりに、アウトカム、つまり成果を求めるのです。

ちなみに私の尊敬する弁護士の升本喜郎さんは『ショウ・ミー・ザ・マネー　アメリカのスポーツ・エージェントを巡る法的諸問題』（ソニー・マガジンズ、二〇〇一年）という本を書いていて、その本を読んだときも、米国のスポーツ界、より正確には選手のマネジメントの世界は「金は出すから、成果を出せ」という考え方が徹底されているのだなあと感じた記憶があります。

一般のビジネス界も、スポーツ界ほどではないにしても、そういう「Show me the money」「Show me the outcome」の世界に近づきつつあると私は見ており、今後は企業も個人もそうした変化に対応していかなければならないと考えています。

改革は何のためなのか

近年、民間企業の働き方改革においては、さまざまな議論が交わされています。

主なテーマは、

①　残業（時間外労働）の抑制
②　テレワークの導入
③　副業の推進
④　週休三日制

といったところだろうと思われます。

まず①の残業抑制は、長時間働くのをやめて労働生産性を向上させようという文脈や、早く家に帰って家族と一緒に過ごす時間を持ち、ワーク・ライフ・バランスを大切にしましょう、といった文脈で語られます。また、社員を過労死や過労自殺にけっして追い込んではならないという共通認識も広がっています。

こうした流れを受けて、今、各企業は「ノー残業デー」を設けたり、社員の業務時間を細かくチェックしたり、夜になるとオフィスの一斉消灯をしたり、あるいは部門ごとに残業抑制の目標数値を決めて、達成した部門にはボーナスを多く払ったりと、さまざまな形で残業を減らそうとしています。

もっとも、これらの取り組みはすべて社員のために実施されていると考えてしまうのはやや早計で、社員の残業を一律に減らしていくことで残業代を抑えたいと考えている企業もあると聞きます。
②のテレワークは、場所や時間にとらわれずに働くことを意味しています。IT（情報技術）環境の整備などにより、社員は自宅や取引先、サテライトオフィスなどでも働けるようになったため、そうした働き方を多くの企業が導入しています。

私自身は、世間一般でこれまで行われてきたテレワークは、主として「働く母親」に向けた施策だったと考えています。しかし、少子高齢化の進展により、日本の労働力の構造が大きく変化していくことが予想される現在、これらの施策はさらに推進すべきですし、制度の対象となる人も、働く母親だけでなく、さまざまな社員に広がっていくだろうと思います。

③の副業推進は、本業とは別の仕事をすることで、新たなスキルを身につけたり、ふだん会えない人と出会って視野を広げたりしたいと考えているビジネスパーソンが増えてきたことが背景にあります。また、自分のビジネススキルをボランティア活動などで生かして社会貢献する「プロボノ」の活躍も目立つようになりました。今や、名刺を複数持つビジネスパーソンは珍しい存在ではなく、企業の側もこうした動きを後押ししつつあります。

④の週休三日制は、ヤフー以外にもいくつかの企業が導入したり検討したりしています。たとえば、宅配便大手の佐川急便が二〇一七年から、東京都と山梨県で正社員ドライバーを一日一〇時間働く週休三日制で募集していますし、そのライバル企業のヤマト運輸も同様の制度を準備していると報じられています。

この二社の場合、週休三日制を導入・検討しているのは深刻化する人手不足に対応するためだと考えられます。

二〇一七年一二月に日銀が発表した全国企業短期経済観測調査（短観）の雇用人員判断指数（自社の従業員の過不足について「過剰」と答えた企業の割合から、「不足」と回答した企業の割合を引いた指数）を見ますと、宅配便業界を含む「運輸・郵便」業界の数値はマイナス四七で、マイナス六二の「宿泊・飲食サービス」業界に次ぐワースト二位となっています。

宅配便業界が人手不足になっているのは、インターネット通販の急拡大によって仕事量が増えたためで、国土交通省の調査によると、二〇一六年度の宅配便取扱個数は前年比七・三パーセント増の約四一億一九〇〇万個にまで増えています。

そうした中、宅配便各社はドライバーの人数を確保しづらくなったため、雇用条件として「週休三日」を盛り込まなくてはならなくなったのです。つまり、ビジネスモデルの維持とドライバーの離職防止のための週休三日制と言えるでしょう。

成果主義を徹底できるか

さて、このように見ていくと、働き方改革は日本企業の間で一つの時流にはなっているものの、その方向性はさまざまだということがわかります。また、一連の制度や施策にはそれぞれ目的があるとはいえ、全体としての改革が各企業における戦略や人事の哲学に沿って実行されているのだろうかという疑問も感じざるをえません。

もともと日本企業の人事はブームに乗りやすい体質があります。それ自体は特に悪いことではないのですが、単なる横並び意識だけで進められる改革が果たしてうまくいくのかどうか、その点を私は心配しています。

働き方改革と表裏一体であるはずの「成果主義の徹底」が、実行に移されているのだろうかという懸念もあります。成果主義を貫くためには、社員の評価が適正になされていることが大前提となりますが、そのための目標管理制度（ＭＢＯ）を今の日本企業で正しく機能させるのはかなり困難だからです。

詳しくは後述しますが、企業の人事担当者の中で「わが社の成果主義はうまくいっている」と胸を張って言える人は皆無なのではないでしょうか。むしろ、「わが社のＭＢＯは形骸化している」というのが実際の感覚だろうと思います。

しかし、機能が不十分なＭＢＯは、制度をうまく使って、現実の成果を上回る給料を受け取るフリーライダー（ただ乗り社員）を生み出す可能性があります。また、フリーライダーの出現は、組織の士気にも大きく影響する可能性があります。そのような状態を放置したまま、働き方改革を安易に進め、社員が多く休みを取れたり、より自由に働けたりするような制度を設計するのは危険なことです。

私の頭の中にイメージとして浮かんでくるのは、企業が働き方改革を進めた結果、社員が残業や勤務日を減らして副業を始め、中には業務時間中もこっそり副業の仕事をするような人が現れてしまい、上司はまったくそれに気づけなくて、いつの間にか組織能力が低下していく――という悲惨な状況です。

企業各社のトップたちは、そのようなリスクをちゃんと踏まえて働き方改革を推進しようとしているのか。そのあたりも私は危惧しています。

残業代を一律一七万円支払うトヨタの本気度

もちろん、私はすべての企業がブームや横並び意識だけで働き方改革を進めようとしているなどと言っているわけではありません。

二〇一七年、トヨタ自動車は、社員に自由な働き方を促す新たな人事・給与制度を導入しました。勤続一〇年以上の事務職や技術職の係長クラス約七八〇〇人を対象に、実際の残業時間にかかわらず、毎月、四五時間分の残業代（一七万円）を支給するというもので、本人が申請し、会社が承認すれば適用されます。制度を使う社員は、週に二時間以上出社すればよく、在宅勤務も可能となります。

これにより、同社では、成果をあげていても残業が少ない社員が不利益を被ることはなくなり、時間に縛られない働き方を目指すことが可能になります。同社はすでに、あらかじめ想定した労働時間に対して賃金を支払う裁量労働制を導入済みですが、新制度では、残業が月四五時間を超えれば、その分の残業代も追加で支払われます。

また、過重労働を防ぐため、対象者は夏休みや年末年始以外にも平日に五日連続の休暇を取ることが義務づけられ、取らなければ翌年は制度の対象から外されます。

この制度の導入を伝える日経新聞の記事を読んだとき、私はトヨタの戦略性を感じました。記事には「自動車産業では自動運転分野などで米グーグルなど異業種との競争が激しくなっている。仕事のメリハリをつけて創造性と生産性を高める必要があると判断した。専門性の高い技術者の間では一律の時間管理の弊害を指摘する声が出ていた」（八月二日付朝刊）とあり、トヨタが自社の置かれている状況を総合的に考えて、未来志向の働き方改革を進めようとしていることがわかったからです。

とりわけ見逃してはならないのは、「自動運転分野などで異業種との競争が激しくなっている」という背景説明です。自動運転の分野では、記事中に社名が挙げられているグーグル以外にも、テスラをはじめとするさまざまな異業種が参入し、研究開発でしのぎを削っています。これはつまり、自動車メーカーは競争相手の定義の変更を迫られているということです。

あらゆる業界について言えることですが、競争相手の定義が変われば、企業としての戦略や組織をダイナミックに変えていかなくてはなりません。働き方改革はその一環として、企業が生き残りをかけて進めるべきものであり、おそらくトヨタはそのことに気づいているのです。

超人手不足時代の人材争奪戦

では、ヤフーではどのような考え方に立って働き方改革を進めようとしているのか。順を追って説明していきましょう。

ヤフーの働き方改革には明確な目的が二つあります。一つは「企業として勝つため」、もう一つは「社員が幸せになるため」です。

はじめに「企業として勝つため」という目的についてお話しします。

先ほどは宅配便業界の話をしましたが、近年、外食産業、スーパー、百貨店などの業界でも営業時間を見直すという形で人手不足に対応し始めています。

具体例としては、二〇一七年一月に大手ファミリーレストランの「ロイヤルホスト」が二四時間営業を完全に廃止、「ガスト」や「ジョナサン」などのファミレスを展開するすかいらーくグループでも、二〇一六年以降、二四時間営業の店舗を大幅に減らして、原則として深夜二時には閉店するようにしました。日本マクドナルドでも二四時間営業の店舗を減らしています。

大手スーパーも同じような状況で、二四時間営業の店舗数は一九九〇年代後半以降、増加が続いていましたが、二〇〇七年をピークにその数は減少に転じています。

また、百貨店では、三越伊勢丹ホールディングスが、二〇一五年までは正月は元日だけ営業を休み、一月二日に初売りとしていたのを、二〇一六年からは一部の店舗を除いて初売りを一月三日としました。同社はさらに二〇一八年には「三が日休業」を検討しましたが、これは「集客に響く」という判断から実施しませんでした。

このように外食産業やスーパー・百貨店業界が営業時間を短縮し始めたのは、一つには消費者行動が変化し、営業時間を長くすれば売り上げも増えるというビジネスモデルが通用しにくくなったからでもあります。

とはいえ、人手不足も大きな影響を与えていますし、同じことは今やすべての業界に波及し始めていると言えます。現在、日本社会は労働市場の縮小という歴史的な転換点に差し掛かっており、あらゆる企業が人材確保に頭を悩ませる時代となっているのです。

ＩＴ業界では、とりわけエンジニアの領域で人材の争奪戦が激化しています。かつては企業のブランド力が採用活動の武器になった時代もありましたが、この頃はそれも難しくなりつつあります。日本のＩＴ企業の中では老舗の部類に入るヤフーも、優秀なエンジニアを採用するのに苦労しています。

エンジニアを取り合う時代

なぜ、そんなことになっているのか。それは、ＩＴ業界ではエンジニアの能力差によって生み出されるアウトカム（成果）の差がきわめて大きいからです。

営業の仕事では、いくら優秀な人でも常人の一〇倍を稼ぐようなことはまれですし、工場で他の人の一〇倍の速さで製品を組み立てるような達人がいたら、生産ラインが混乱して逆に困ってしまいます。

けれども、ＩＴエンジニアの世界では一〇倍の能力差など、ごくごく当たり前です。一人の天才エンジニアが、長期間にわたって多くの利益を会社にもたらすようなシステムを開発する、といったことも十分に起こりえます。とりわけデータの活用が事業展開において大きな意味を持つようになってからは、エンジニアの存在はますます重要性を増しています。

そうした状況において、現在、世界中のＩＴ企業は優秀なエンジニアを自社に集めるためにしのぎを削っています。米国のシリコンバレーなどに行けば、大学や大学院でコンピュータサイエンスなどを学んだ新卒のエンジニアが、年収一〇〇〇万円を超える条件で企業に迎えられるといったこともよくあります。新卒なのに初任給が父親の現給料を超えていたといった話も珍しくありません。

近年では、日本のＩＴ企業もかなりの高額で新人エンジニアを採るようになりました。たとえば、サイバーエージェントでは一律の初任給制度を廃止して、人工知能（ＡＩ）などに関する高度な技術を持つ人材には高い年俸を提示していますし、フリマアプリ大手のメルカリでは、内定期間中に有効なスキルを身につけた場合、内定時に提示した額面よりも初任給が上がる制度を取り入れています。

ヤフーの場合、二〇一八年からは、三〇歳以下で新卒・既卒を問わず、就業経験のないエンジニアの入社希望者に、初年度から六五〇万円以上の年収を提示するという措置をとっています。これは通常の採用より二〇〇万円ほど高い額で、特定の技術分野で論文を発表したとか、エンジニアリングに付随する起業経験があるといった、専門分野で活躍できる即戦力人材が対象となります。

これに先立ち、二〇一七年一〇月からは、エンジニア向けに一人月額一万円を上限に書籍購入費や勉強会などへの参加費用を支援する制度も導入しています。また、トップレベルの国際会議へ出席してもらうなど、最新の技術動向に触れられる機会も提供しています。

このようにヤフーでは優秀なエンジニアを雇用するためにあらゆる努力を続けているわけですが、それでもまだ不十分だと考えて、「企業として勝つため」に推進しているのが働き方改革なのです。

その代表例が、いずれは全社員に適用しようとしている「えらべる勤務制度」であり、「ヤフーは働きやすい会社」だというメッセージを社内外に発信しています（なお、ここでは読者のみなさんがイメージしやすいようにＩＴエンジニアと一括りに表現しましたが、実際にはその職種はさまざまです）。

教育では解決できないことがある

当然ながら、ヤフーの働き方改革はエンジニア人材だけを対象としたものではありません。近年は採用する新卒の半分以上をエンジニアが占めていますが、企業として存続していくためには、ITエンジニア以外の職種でも優秀な人材を採用していかなくてはなりません。

とりわけ少子化で就活生の数そのものが減っている現状においては、ヤフーを就職先の候補に入れてくれている人に（新卒に限らず）「ヤフーは働きやすい会社」だと知ってもらい、その中からヤフーにフィットする人材を見つけて採用する必要があります。もはや経営戦略と採用戦略は不可分である、というのが私たち人事の現状認識です。

ただ、このような状況においても、日本企業の多くはまだまだ採用活動に力を入れていないように見受けられます。後でもう一度詳しくふれますが、ごく一部の例外を除いて、経営者の大半は、株式市場の強いプレッシャーにさらされているわりには、採用にあまりリソースをかけようとはしていないようなのです。

それはおそらく、多くの経営者が、自分の在任中には他に優先してやるべきことがたくさんあり、まだ採用にはそれほど力を入れなくても大丈夫だと楽観的に構えているからでしょう。

あるいは、採用よりも入社後の教育を重視しており、新人はとりあえずヘッドカウント

（人員）を確保しておいて、入社後にトレーニングで一人前に育てればいいと考えているのかもしれません。

しかし、人事の仕事に長く携わっている人なら誰もが理解していることですが、教育ですべては解決できません。もちろん、教育はとても大事ですけれども、企業の戦略にフィットする優秀な人材を採り、その人たちが活躍できる場と機会を用意すれば、教育にそれほどお金や時間をかけなくても人はちゃんと育つという側面も無視できません。

ヤフーの働き方改革もこうした採用・育成戦略の一環として進めています。言い換えれば、これは「優秀な人材に選んでもらえる会社」になるためのプロセスなのです。

拘束時間がモラルハザードを生み出す

もう一つ、外国人に選んでもらえるような会社になるということも、私たちは改革を通じて実現しようとしています。

先ほどエンジニアの重要性について述べましたが、今、ヤフーではたくさんの外国人エンジニアが働いています。エンジニアの業務に欠かせないのはプログラミングなどのコンピュータ技術ですから、日本語の日常会話が完璧にこなせる必要はまったくなく、むしろ私たちが英会話を積極的に勉強するなどして、彼ら彼女らと一緒に働いています。

そんな外国人エンジニアの一人、インド出身のA君と、あるとき話す機会がありました。英会話の練習がてら私が「日本の会社に来て働くようになって、何か不満はある?」と尋ねると、A君は「何もない。いい仲間がいるし、とてもいい会社だ」とニコニコしながら語ってくれました。

しかし、「何か不満はあるでしょ。一つだけ言ってみて」と私が再び問いかけると、A君はこう言ったのです。

「本間さん、この会社ではなぜ、夕方六時に仕事を終えて帰る人よりも、仕事が遅くて夜中まで会社にいる人の方がたくさんお金をもらえるのか。その理由が僕にはよくわからない」

なるほど、言われてみればその通りだと私は思いました。社員の拘束時間に対して会社がお金を支払う現在の日本の労働法制では、残業すればするほど残業代が増え、つまり社員が会社から受け取るお金は多くなります。ヤフーでもまだそうなることがしばしばあり、そのことが、優秀なエンジニアで勤務時間内にきっちり仕事を終えるA君には納得がいかないようなのです。

A君の不満を聞いて、成果ではなく時間に対してお金を払う仕組みが放置されたままだと、悪しき企業文化ができてしまい、いずれは外国人が日本企業を見向きもしなくなるかもしれないという危機感もおぼえました。いえ、外国人に限らないでしょう。日本人の優秀な人材の中にもA君と同じような不満を抱いている人はいるでしょうし、そういう人たちも、やがては時間でなく成果で評価してくれる海外の企業に逃げていってしまうかもしれません。だとすれば、「企業として勝つ」ことなど望めなくなります。

ビジネスのあり方が複雑化し、企業間の競争が激しくなっている今、社員を規定の時間、拘束し、それに対して給料を払うという原理原則そのものが、私の目にはやや奇妙に映ります。工場勤務や、電話で商品やサービスを売り込むテレフォンアポインター、コールセンターや受付業務のように、働いた時間に対してお金を払うルールが適している職種もありますが、世の中にはそうでないタイプの職種もたくさんあります。であるにもかかわらず、このルールを一律に当てはめるのは無理があるのではないかと思うのです。

なぜなら、このルールのもとでは、会社は、どんな社員に対しても一日八時間分の仕事を提供しなくてはならないことになります。そうすると、八時間分に満たない仕事しか与えられない場合でも、会社は社員に「給料は八時間分で払いますから、その間は会社にいてください」と言うしかありません。

また、このルールはムダな残業を生むというマイナスの効果ももたらします。ある人から聞いた話では、日本企業の社員がなかなか定時に仕事を終えない理由は、よく言われるように「上司が帰らないから」ではなく、「早く帰ると上司に暇だと思われて、さらに仕事を振られるから」だそうです。

たしかに、今以上の仕事量を与えられたとしても、たいして給料が上がらないとわかっていれば、少しだけ忙しそうなふりをして、ちょっとだけ残業して帰る方が、よけいな仕事を押しつけられないだけ楽です。これは一種のモラルハザードとも言えますが、ともすれば社員がそんな考え方になってしまいかねないのが、拘束時間に対してお金を払うというルールなのです。このような組織文化ができてしまった企業が果たして長く存続できるものなのか、はなはだ疑問です。

なぜ、勝てる会社は「社員の幸せ」を重視するのか

話を戻して、ヤフーの働き方改革のもう一つの目的である「社員が幸せになるため」ということについてお話しします。

「なぜ企業は成長しなければならないのか」という難しい問いがあります。

その理由についてはいろいろな説明がなされており、企業でよく上司が部下に対して言うのは、「現状維持は衰退と同じだ」とか、「高い目標が社員の創意工夫を引き出す」といったことです。市場が拡大しているのであれば、企業は市場の成長率と同じくらいは成長しなくてはいけない、でなければ競合他社に負けてしまうという考え方に立つと、こういう説明になるのも理解できます。

「株式市場からの要請があるためだ」と言う人もいます。企業の業績は増収率と増益率によって測られ、それが株価に反映される。株価が停滞すれば、必要な資金調達もできないし、企業としての信用度も低下してしまう。だから、企業は成長しなくてはいけないということでしょう。

私はこのような説明の仕方が間違っているとは思いません。しかし、これからの企業経営を考える際は、もう少し違った説明も必要ではないかと思うのです。

実際、最近の若手のビジネスパーソンの中には、「なぜ、私は自分の人生の大半の時間を費やしてまで、会社の利益に貢献しなくてはいけないのですか」と考えている人は少なくありません。そういう人は、「会社が成長したら、あなたの給料も上がるよ」と諭しても、「そのために、体を壊してまで働かなくてはいけないのですか」と聞き返してくるかもしれません。

ならば、企業側はどういう考え方に立てばいいのか。ヤフーではこう考えています。

「企業が成長しなくてはならないのは、企業の幸せと社員の幸せのため」だと。

まず「企業の幸せ」とは、社会に貢献することに加えて、先に説明した「競合に勝ち続ける」とか「高い株価を維持する」といったことです。「企業価値の向上」と一言で言ってしまってもいいでしょう。これができていなければ、企業は社員の雇用さえままなりません。

「社員の幸せ」については、イコール「高い給料」だと以前ならシンプルに説明することができました。企業としては、できるだけ多くの給料を払います、だけど、幸せは人それぞれだから、その給料を使って自分で見つけてください、と言えば済んだわけです。

けれども今は違います。幸せはお金によって手に入るものとは限らなくなっており、時間、ワーク・ライフ・バランス、地域に根ざした暮らし、健康などさまざまなものがその中には含まれます。つまり、企業が社員の幸せのためにあるとしたら、企業は、そういった金銭では手に入れられないものについても社員に提供するとコミットしなくてはならないのです。

ヤフーの働き方改革はそのためにも進めなければならないと私は思っています。

二〇〇〇年代半ばに、「企業は誰のものか」という論争が起きました。「もの言う株主」として企業に大胆な要求を次々に突きつけた村上ファンドの村上世彰氏の出現や、ITベンチャーのライブドアを率いていた若き日のホリエモンこと堀江貴文氏が、フジテレビの筆頭株主であるニッポン放送の株を一気に取得して敵対的買収を仕掛けて、フジテレビの経営権を手に入れようとしたことなどが、この議論のきっかけでした。

当時は「企業は株主のものだ」という意見が幅を利かせる一方で、「いや、企業は社員や顧客のものでもある」という意見もあって、どちらかというと、「株主のもの」という投資家の立場での意見が優勢だったように記憶しています。

しかし、近年、この議論は静かな形で再燃し、「企業は株主のもの」という株主資本主義はやや勢いを失っている感があります。

たとえば、ヤフーの人事の哲学に影響を与えてくださっている慶應義塾大学の前野隆司教授（大学院システムデザイン・マネジメント研究科）は、「幸福学」を提唱し、短期的な売り上げや利益を重視する企業経営より、長期的な視点で企業を経営していく方が社員は幸せになる、右肩上がり偏重の企業経営は人を幸せにしない、などと主張されています。

前野教授によると、幸せには、長続きしない幸せと長続きする幸せがあって、金、モノ、地位など他人と比べられる「地位財」による幸せは長続きしないといいます。

長続きする幸せは、「非地位財」による幸せであり、それは、「やってみよう！」因子（自己実現と成長）、「ありがとう！」因子（つながりと感謝）、「なんとかなる！」因子（前向きと楽観）、「あなたらしく！」因子（独立とマイペース）という四つの因子から成っており、企業もこの四つを意識して改革を進めれば、社員が幸せになれる組織をつくれる、というのが同教授の考え方です（『幸せのメカニズム』講談社現代新書、二〇一三年）。

企業を社会的存在としてとらえるという意味では、「公益資本主義」を推進しようとする活動も盛んになってきました。公益資本主義は、米国型の株主資本主義でも中国型の国家資本主義でもない第三の道を指しており、ベンチャーキャピタリストの原丈人氏が著書『21世紀の国富論』（平凡社、二〇〇七年）や自身が設立したアライアンス・フォーラム財団で提唱している概念です。

原氏らは、現在の資本主義には限界が見えており、株主の利益だけを優先するのではなくて、社員とその家族、顧客、取引先、地域社会などステークホルダー（利害関係者）全体への貢献（公益）を重視する経営が新たな日本発の資本主義をつくると説いており、こうした考え方も幅広い共感を得つつあります。

人事を担当する仲間たちの間でも、「幸福は社員がそれぞれの物差しで感じるものであり、そういうことは企業は考えなくてよい」と言うような人は少なくなっているように感じます。

私自身、企業に対して資本を提供しているのは株主であり、だから株主が企業を所有する形にはなっているけれども、そこで働く社員が幸せになれない企業が長期的に成長するのは難しくなっていると思っています。

ヤフーの働き方改革において「社員の幸せ」を強く打ち出しているのは、そういう考えからでもあるのです。

人生一〇〇年時代がやってくる

二〇一六年、ロンドン・ビジネススクールのリンダ・グラットン教授らが著した『LIFE SHIFT（ライフ・シフト）』（池村千秋訳、東洋経済新報社）がベストセラーになりました。

この本の中でグラットン教授は、先進国では今後、人々が一〇〇歳まで生きる時代に突入し、長寿化の恩恵に最大限浴したければ、七〇代、ことによると八〇代まで働かなくてはならず、従来、「教育」「仕事」「引退」という三段階に分けて考えられてきた人生のステージも通用しなくなる、という議論を展開しています。

具体的な説明材料として登場するのは、ジャック（一九四五年生まれ）、ジミー（一九七一年生まれ)、ジェーン(一九九八年生まれ)という三人の架空の人物です。このうち、七〇代のジャックは「教育」「仕事」「引退」という三ステージの人生が最もうまく機能した世代、四〇歳半ばのジミーは、これまでは三ステージ人生の社会的規範に従って生きてきたものの、それではうまくいかないと気づき、どうすれば将来の見通しを改善できるか思案するようになった世代、ティーンエージャーのジェーンは一〇〇年以上生きる可能性が高く、自分たちで新しい生き方を実践する世代です。

グラットン教授は、ジェーンの人生を、以下のようなシナリオで示します。

まず大学卒業後は世界中を旅して幅広い人的ネットワークを築き、その間は不安定な雇用形態で働くこともいとわない。二〇代後半のとき友人を誘って起業。三〇代半ばになると、それまでの活動が企業幹部の目に留まって就職することになり、その後、結婚して二人の子どもを出産する。

四五歳のときには会社をいったん辞めて家庭に入り、子どもたちや高齢の両親との時間を大切にする。その一方で、オンライン講座で新たなビジネススキルの習得に乗り出し、四八歳で人材採用コンサルタントとして再出発。六〇歳になると、業界屈指の大手企業の取締役にヘッドハンティングされ、七〇歳になったとき会社を辞めて夫と一緒にまた旅に出る。

そして、旅から戻ってきた後は、慈善活動や地域コミュニティ活動に参加しつつ、地元の小さな企業の非常勤取締役も務め、八五歳で引退――。

このようにジェーンの世代は、三ステージではなく、マルチステージの人生を送るようになり、最初のうちは、柔軟な働き方とオーダーメイドのスケジュールを求める個人の欲求と、標準化と予測可能性を望む企業の欲求が激しくぶつかり合う、とグラットン教授は予測しています。しかし、それでも最終的には両者の間で折り合いがつき、企業の側が、一人ひとりの働き手に対して、異なるスケジュールと職務内容を認めるようになる可能性が高いというのが同教授の見方です。

グラットン教授のシナリオには、ヘッドハントされて取締役になるなど、私たちにはイメージしにくい例もあります。しかし、世の中のことをほとんど知らない学生のときに選んだ会社や仕事が、自分にあっていると言い切れる人は少ないのではないでしょうか。ヘッドハントや有名企業の幹部という例は大げさだとしても、ライフステージごとに社内で仕事を変えたり、副業などを通じて自分の可能性を試してみたりすることは「社員の幸せ」にもつながると思います。

「コミュニティ」としての企業

グラットン教授が説いているのは、人生一〇〇年時代に合わせて、個人は自分の働き方を変えなくてはならないし、企業もまたそうした変化に対応しなくてはならない、ということです。その点には私も賛成で、社員が自分のライフステージに応じたさまざまな働き方ができる組織になっていくことで、社員が「幸せ」になれるよう支援する必要があると考えています。

もちろん、企業は「勝つための組織」であり、社員の給料はあくまでも成果に応じて、すなわち「ペイ・フォー・パフォーマンスの原則」にのっとって支払われるべきです。しかし、同時に企業は、一つの目標に向かって社員がお互いに協力し合いながら働く「コミュニティ」でもあります。社員がその長い人生において、さまざまなステージに立つことになれば、パフォーマンスをあげたくてもあげられない事情を抱えることもあります。そんなとき、企業と社員、あるいは社員同士が寄り添って助け合えるかどうか。そのことは、コミュニティとしての企業のあり方にかかっています。

特に最近、問題となっているのが出産・育児と介護です。このうち出産・育児に関しては、産前産後休業と育児休業を取ってもらい、その後も短時間勤務制度を利用してもらうなどして、ある程度、対応することが可能ですが、介護はより深刻です。ゴールが見えやすい子育てと違い、介護は先が見えないからです。

また、内閣府の二〇一六年の調査によると、子育てと介護というダブルケアに追われる人は国内に二五万人もいると推計されています。ダブルケアは、晩婚化による出産年齢の上昇、きょうだいの数が減ったことや親せきのネットワークが弱くなったことによって起きやすくなったといわれています。この言葉を生み出した横浜国立大学の相馬直子准教授と英国ブリストル大学の山下順子講師が同年、全国の大学生以下の子どもを持つ親二一〇〇人（父親一〇五〇人、母親一〇五〇人）を対象に実施したソニー生命保険の調査では、「ダブルケアを経験した人」は六・五％、「ダブルケアが自分事である人」（「経験」と「数年先に直面」の合計）は一三・五％でした。

ヤフーでも、今後、ダブルケアに追われる社員の数は確実に増えていくでしょう。そういう社員に対して、会社としてどういう働き方を提案すべきなのか。週休三日でもきついようであれば、働くのは週に一日、二日にしてもらい、それに応じて給料は下げる、といったことも検討する必要もあると私は考えています。

さらにいえば、ヤフーでは今後、社員の高齢化という問題にも直面します。現在の平均年齢は三六・〇歳（二〇一八年三月末時点）で、東証一部上場企業の社員の平均年齢が四一・一歳（東京商工リサーチ調べ、二〇一七年）であることを考えれば、まだ比較的若い会社といえますが、一九九六年設立のインターネット系企業の中ではわりあい歴史が長い会社であるため、四〇代以上の層もそれなりにボリュームがあり、業界内ではいち早く高齢化していくことが予想されます。

けれども、私はそのことをネガティブには受け止めていません。この問題に先頭を切って取り組んでいきたいと思っています。それは業界を代表する企業としての責任でもありますし、労働市場の縮小によって採用そのものが難しくなっているのですから、年を重ねた人にも自分のペースに合った働き方をしてもらい、その成果に応じてお金を払う方が理にかなっています。

休日を増やすのは雇用者の責務

「社員の幸せ」を実現する働き方改革について考えるために、ここで少し歴史的な話をします。

いわゆる「余暇」の概念は、産業革命によって生まれたといわれています。それ以前は、農民は、朝、太陽が昇ったら畑に行くといった働き方をしており、休みは農閑期しかありませんでした。職人も自宅の敷地内で仕事をしながら、その合間に手を止めて休んだりしていたので、労働時間と非労働時間の違いはありませんでした。

ところが、一八世紀後半に産業革命が始まり、工場で工業製品が大量に生産されるようになると、都市に集まってきた労働者が、決められた時刻に出勤し、決められた時刻まで働くようになります。

といっても、当時の工場労働は過酷で、女性や子どもまでが一日一二時間、あるいはそれ以上の長時間労働を低賃金で強いられるようなことも起きました。しかし、やがて労働運動の盛り上がりもあって、労働時間は一〇時間、さらには八時間に規制されるようになり、非労働時間としての余暇が誕生しました。週末の休日やクリスマスや夏休みの休暇も、産業革命以降に生まれました。つまり、この頃から人々は時計とカレンダーに従って働くようになったのです。

また、余暇の時間が増えるにつれてレジャー産業も発達し、映画や旅行やスポーツといった娯楽の提供がビジネスとして成り立つようになりました。

日本でも、明治維新後に近代化が進んだことによって余暇の概念が持ち込まれます。その後、歴史は敗戦と復興、戦後の高度経済成長期を経ていくわけですが、私の幼少期と重なる一九七〇年代は週休一日がふつうでした。土曜日は「半ドン」といって、午後を休みにしている企業も多くありました。

日本で最初に完全週休二日制を導入したのは松下電器産業（現パナソニック）で、一九六五年から実施し、創業者の松下幸之助は「一日休養、一日教養」という指針を自ら社員に示しました。

けれども、他の企業が週休二日に移行しだしたのはずっと遅い一九八〇年代からであり、九二年に国家公務員の完全週休二日制が始まったことで、これに多くが追随する形となりました。とはいえ、日本企業全体で見ると、週休二日制もまだ五〇％前後の定着率しかなく、休みを増やすことの難しさは私も理解しているつもりです。

しかし、このようにして余暇が成立していった歴史を振り返ると、休日を増やすのは雇用者の責務であるという結論にたどり着きます。休日が増えていくのは歴史的な必然であり、今後、週休二日制が三日制に移行することはあっても、週休一日に逆戻りすることはありえないと言っていいでしょう。

ましてヤフーのような企業は、インターネットによって産業革命に匹敵するようなイノベーションを起こそうとしているのですから、それで会社が利益を得るのであれば、社員にも恩恵がもたらされてしかるべきです。それが、「社員が幸せになるため」の週休三日制だと私は思っています。

新米コンサルタント時代

さて、ヤフーの働き方改革については、次章でさらに詳しく述べていきますが、ここで、私の企業観や人事観についての考え方をお伝えするために、私自身のキャリアについても少しお話しさせていただこうと思います。

私は一九六八年に東京都大田区で生まれ、横浜市で育ちました。

小学生の頃からずっとサッカーをやっていて、高校三年生まで続けました。ポジションはディフェンダー、チームの副キャプテンもやっていましたが、才能があるとは思っていなかったので、以後、サッカーはやっていません。

大学は早稲田大学の人間科学部スポーツ科学科（現スポーツ科学部）に進み、一九九二年の卒業後は野村総合研究所に就職しました。

「スポーツ科学科出身」という経歴は野村総研ではかなり珍しい部類なので、入社当初は周囲から奇異な目で見られましたし、社内の早稲田出身者の集まりに初めて顔を出したとき、自己紹介をすると、やたらと盛大な拍手が起きました。嫌味の拍手でした。

私自身、この会社でやっていけるのかなという不安もありました。どれくらい不安だったかというと、横浜市のＮＲＩタワー（保土ヶ谷区神戸町）で行われた集合研修の最終日に、懇親会を途中で抜け出して、近くの公園に行って一人で泣いてしまったほどでした。それぐらい弱い人間だったのです。当時、研修部の課長が私に「本間君、一日三〇分でもいいから、とにかく努力を続けなさい」と励ましてくれたことをよくおぼえています。

配属された部署の上司も面倒見のいい人で、「毎日、帰る前に、その日やった仕事を全部持ってきて見せなさい」と言ってくれました。私は今でも、一日の終わりに、その日、自分がやった仕事を振り返るようにしているのですが、その習慣がついたのは、新人のとき指導してくれた上司のおかげです。

また、この上司は集中して働くことの大切さも教えてくれました。「一日、本当に集中して働いたら、夕方六時になるとバッタリ倒れるぐらい疲れるはずだ。とてもじゃないけど、残業なんてできない」と言われたものです。

野村総研では、コンサルタントや調査研究の業務に携わりましたが、やはりスポーツ科学科出身なので、スポーツ関係の仕事をよく任されました。数は多くはありませんでしたが、やりがいを感じる仕事でした。

入社六年目の一九九七年には、筑波大学の社会人大学院に通い始めました。これはスポーツ経営学を学ぶためです。たしか、平日に二日、学校に行って授業に出て、その代わり土曜日は出勤するという勤務体系に変更してもらったように記憶しています。今思うと、よくそんなことが許されたものだなと不思議な気もしますが、上司も、一緒にチームを組んでいた後輩社員も、私のそんなわがままな働き方を許容してくれたのです。

大学院では、一九九八年に開催された長野五輪を研究テーマに選び、オリンピックが地元住民のスポーツライフに与える影響などをフィールド調査して、修士論文にまとめました。

そして、その間に転機が訪れます。きっかけは、広瀬一郎さん（故人）という人物との出会いでした。

失敗するとしても起業に参加したかった

広瀬さんは、電通でスポーツマーケティングを手掛け、数々のスポーツ関連イベントを仕掛けてきた伝説的な人物で、その著書『プロのためのスポーツマーケティング』（電通、一九九四年）は、大学院でスポーツ経営学を学ぶ私たちにとって貴重な参考書でした。

その広瀬さんを初めて目にしたのは、大学院二年のときに受けた講座に、彼がゲスト講師として登場したときでした。

実をいうと、それまで私は、広瀬さんに対して、この人はスポーツをお金もうけの道具としてしか見ていない〝スポーツマフィア〟なのではないかという不信感を抱いていました。たとえば、一九九四年のＦＩＦＡワールドカップ米国大会では、ヨーロッパのゴールデンタイムに合わせるために、昼の一二時キックオフというような炎天下での試合が多かったのですが、このようなアスリートファーストと言えないスケジューリングも広瀬さんのような人たちの仕業だということは大学院の教授も語っていました。私自身、神聖なスポーツを汚すなんてまったくけしからんと憤慨していました。

なので、講座の当日は、最前列の席について、「隙あらば刺し違えてやる」というぐらいの目つきで広瀬さんをにらんでいました。

ところが、話を聞いているうちに、「この人はスポーツマフィアなんかではぜんぜんない」と気づいたのです。広瀬さんは、プロスポーツを安全に運営するためにはお金が必要なのだという確固たる理念を持っており、何よりスポーツを心から愛している人でした。

以後、私はすっかり広瀬さんに傾倒していったわけですが、もともと自分をアピールするのをよしとしない性質なこともあって、講座の当日は広瀬さんと話すどころか、名刺交換することさえできませんでした。

その後、たまたま一九九八年に日本体育学会で、恩師の柳沢和雄教授（筑波大学体育学系）がシンポジウムを企画することになり、私は企画メンバーに選ばれました。このとき私が考えたのが、広瀬さんにシンポジストとして出席してもらえれば、それを機に近しくなれるのではないかということです。そこで、広瀬さんに出席をお願いしたところ、快諾していただき、「シンポジウムを丁寧に運営したいから、本番までに三回、打ち合わせをお願いしたい」という要望も受け入れてくれました。

そのあたりが私の、よくいえば戦略的、悪くいえば計算高いところなのですが、この思惑は当たり、私は広瀬さんと親しい関係になることができたのです。

その翌年の一九九九年、忘れもしない一二月二九日のことです。広瀬さんに「一緒にご飯でも食べないか」と誘われた私は、銀座のイタリアンレストラン「ラ・ボエム」に行きました。そこで広瀬さんから見せられたのが、「CBS SportsLine」という米国のスポーツポータルサイトの日本版をつくるという事業計画書でした。

たぶん、広瀬さんはこの事業に私を引き入れようとしたのではなく、野村総研のコンサルタントであり、スポーツ経営学を学ぶ大学院生でもある私に、事業の可能性について尋ねたかったのだと思います。

私は「いいですね。うまくいきそうですね」と言いつつ、内心では「これは絶対に失敗する」と思いました。計画は粗削りで、見通しもかなり甘く、曲がりなりにもコンサルタントの経験を積んできた私から見れば、成功の可能性はまったく感じられませんでした。

ところが、直後の正月休みの間のことです。実家に帰って、やることもなく退屈なまま五日間も過ごしているうちに、私は自分で思ってもみなかったような決断を下してしまったのです。

それは、野村総研を辞めて、広瀬さんが立ち上げようとしている会社に転職するということでした。これからシドニー五輪（二〇〇〇年）もワールドカップの日韓共催（二〇〇二年）もある。だとしたら、たとえ失敗に終わるとわかっていても、日本のスポーツビジネス界の第一人者である広瀬一郎が起こす事業に参加した方が、野村総研で働くより得るものは大きいのではないか――。そう考えた私は、正月休みが明けると広瀬さんに会いに行き、「野村総研を辞めるので、広瀬さんがつくる会社に僕を入れてください」と頼み込みました。

計算できるところは計算し、勇気を持って一歩を踏み出す。その先には、それまで見えなかった風景が広がる。そういった経験を、私はその後の人生で繰り返すことになります。

スポーツナビを立ち上げ、初めて人事を経験

二〇〇〇年七月、広瀬さんは株式会社スポーツ・ナビゲーションを立ち上げ、「スポーツナビ」というサイトをオープンさせました。

スポーツ・ナビゲーションには、電通のほか、大手商社、大手通信社、テレビ局などが資本を投入し、併せて役員も出向させてきました。

そうした中、私は同社の企業派遣ではない唯一の取締役となり、人事の責任者も務めることになりました。決めたのは広瀬さんです。彼は、私が自ら野村総研を辞めてスポーツ・ナビゲーションにやってきたことを評価し、役員の一人として迎えてくれたのです。

もっとも、人事の責任者になったのは、「本間君は野村総研で人事をやっていた人だから」と広瀬さんが社内外でふれ回ったからでした。困った私が「人事なんてやったことないですよ」と言うと、広瀬さんは「そんなの、勉強すればいいじゃないか」と笑っていました。

初めての人事の仕事はとてもやりがいがありました。就業規則やいろいろな制度をゼロか

らつくるのは、よい経験になりました。

また、この頃に知ったのは、人は必ずしもお金では動かないということです。当然のことながら、スポーツ・ナビゲーションにはスポーツ好きの編集者が多かったのですが、その中には、外部ライターに発注した方が安く上がると思われる仕事でさえ、自らスタジアムや試合会場に行って取材したがる人がいたのです。自社で取材しても外注してもページビューは変わらず、したがって自分の成果にもならないのに現場にこだわる。そういう姿を見る度に、人はお金で動くとは限らないのだなと、つくづく感じました。

雇用の維持は経営責任か

しかし、何といっても一番勉強になったのは、この会社をつぶしたときでした。

スポーツ・ナビゲーションが立ち上げられた二〇〇〇年は、インターネットバブル（ITバブル）が崩壊した年でした。一九九〇年代後半、米国ではネット関連企業への過剰投資が起き、これが株式マーケットにバブルを生み出して、同様のことが日本の市場でも見られたのですが、この年、バブルはあっけなく弾け、世の中はＩＴ不況と呼ばれる景気後退期に入りました。

スポーツ・ナビゲーションも、その影響をもろに受けました。収益源であり、拡大が予測されていたネット広告市場がまったく伸びなくなったのです。スポーツナビのサイト自体は質の高いニュースやコラムを提供していたと自負していますが、広告が集まらなければ、運営するのは困難です。シドニー五輪のニュース配信などでサービスは勢いを得たものの、経営状況は創業当初から非常に悪く、いつつぶれてもおかしくありませんでした。

二〇〇二年六月のワールドカップ閉幕に合わせて会社を正式に解体することが決まってからは、一〇〇人近くいた社員を一〇人ほどに減らすこととなり、人事責任者である私は社員を解雇する役割を担うことになりました。

これは本当につらい仕事でした。ある社員からは「お前を許さない」と言われましたし、残ってほしいと思っていた人に「給料は今の三分の二くらいに減るんだけど」と話を切り出すと、その人は「本間さん、私のこと、バカにしてるんですか」と冷たく笑って席を蹴りました。地下鉄を待つとき、元社員に突き落とされるのではないかと妄想し、線路側に立てなかった時期もありました。

会社をつぶす経験をしたことで、私は「雇用の維持」という考え方にも懐疑的になりました。世間にはよく、景気の悪化によって業績が傾いてもリストラをしようとせずに、なんとか雇用の維持を図ろうとする経営者がいます。「雇用の維持は企業の責任」と考えている経営者も少なくありません。

しかし、会社がつぶれてしまったら、雇用も何もあったものではありません。企業の責任とは、利益を出し、経営を持続させることであり、そのために社員には成果に応じた適正な額の給料を払うべきですが、それは、どのような社員に対しても長期の雇用責任を負うということではない。そういうことが身に染みてわかりました。

個人と企業の関係についてもいろいろと思いをめぐらしました。個人は企業に雇ってもらう存在ではなく、自分の意思で働きたいと思える間はその企業に所属し、別の企業で働きたくなったら、そこに移っていく、そんな対等な関係を企業との間に結ぶべきではないかと考えるようになり、それが私の人事観のベースになっています。

現在まで私は企業で人事の責任者を務める多くの人たちと出会ってきましたが、その中でも師匠と仰ぐ人たちの中には、「社員をクビにすることは必ずしも悪いことではない」という考えを持つ人もいます。彼らは「雇用の維持は企業の責任」と考えるのではなく、「自社で活躍するチャンスがない社員にはそのことを伝えて、次のキャリアに進むように促す責任がある」と考えています。その組織や職場で活躍する可能性が低い人に対して人事や上司がそのことを伝えずに、時間だけが経過し、それによって本人の可能性の幅を狭めることになれば、その方が無責任だということです。

そして、そのように考える師匠の多くは、かつて自身が属していた会社を整理したり組織をリストラしたりといった経験をしています。私自身は「社員をクビにするのは悪くない」とまでは考えてはいませんけれども、自分の意思とは関係なく、多くの仲間の雇用契約を解除せざるをえないという状況を経験した人事責任者だからこそ、見える風景があるのだとは思っています。

キャリアは予期せぬ偶然によるもの

スポーツ・ナビゲーションにいた二年間、特に後半は精神的にかなり追い詰められていたのですが、そういう状況でもどこか事態を冷静に俯瞰するクセのある私は、その間に再び大学院に通い始めました。今度は筑波大学の東京キャンパス社会人大学院（夜間）で、キャリア心理学を学ぶことになったのです。

指導してくださったのは、渡辺三枝子先生です。渡辺先生はペンシルベニア大学でカウンセリング心理学の博士号を取得した権威で、彼女のゼミに入った私は、人はなぜ働くのか、仕事とは何か、幸せとは何かといったことを心理学的なアプローチから考察する方法論を叩き込まれました。在学中に産業カウンセラーの資格も取得しました。

また、この頃は、スタンフォード大学のジョン・D・クランボルツ教授が「プランド・ハプンスタンス（計画された偶然性）理論」を唱えるなど、キャリア論がブームになった時期とも重なっていました。

クランボルツ教授は、社会的に成功した数百人のビジネスパーソンのキャリアを分析したところ、約八割の人は「自分の現在のキャリアは予期せぬ偶然によるものだ」と答えたことに注目し、キャリアを形成していくうえでは、偶発的な出来事を避けるのではなく、それを最大限に活用することや、そういう機会を自分でつくりだせるように積極的に行動することが大切だと説いています。

この理論に私は強い影響を受けました。広瀬さんとの偶然の出会いによってスポーツ・ナビゲーションの起業に参画することになり、さらにそこでたまたま人事を担当したことが今の仕事につながっているわけですので、私自身のキャリアもまさに「計画された偶然」だったような気がします。

一方、スポーツ・ナビゲーションは最終的に、株主だった電通などの尽力でヤフーに買収されることになり、スポーツナビも名称を残したまま「ヤフージャパン」のサイトに移行することになりました。

これはヤフーの井上雅博社長（故人）が、「ヤフースポーツ」の責任者を務めていた宮坂学（後にヤフー社長、現会長）に意見を求めて決めたことでした。「ヤフースポーツ」はページビューではスポーツナビに圧勝していましたが、宮坂はスポーツナビの企画を評価していて「侮れない」と感じていたそうです。

私自身は正直なところ、野村総研に帰ろうかという気持ちもありました。尊敬する先輩社員から「戻ってこい」と声をかけていただいてもいました。けれども、ヤフーがスポーツナビを引き取ってくれる以上、行かないわけにはいかず、九人の旧スポーツ・ナビゲーション社員を連れてヤフーに移りました。

カリスマがいなくても強い組織はつくれる

その後、私は、スポーツ・ナビゲーションから社名を変えたワイズ・スポーツの社長を務めた後、二〇〇七年、北京五輪の前年に「ヤフースポーツ」の責任者になりました。ヤフーに転籍したのもこのときです。

それまでは、ヤフーの恩に報いるために成果は出すけれども、自分のアイデンティティはあくまでもスポーツナビにあるとやや頑なに考えており、転籍の誘いを受けても、いろいろと理由をつけては断っていたのです。

しかし、メディア事業部長になった宮坂に「いつまでもそんな子どもみたいなことを言ってないで、ヤフーを手伝ってくれ」と言われ、ヤフーに正式に転籍しました。

人事で実験的な取り組みを始めたのは、スポーツナビ（ワイズ・スポーツ）時代からです。たとえば、上司の立場にある人が本当に上司にふさわしいかというエビデンスを集めるために、社員にアンケートをとって「あなたは今の上司についていきたいですか」と質問してみたのもその一つでした。その頃、こうしたアンケートをやっている部署はヤフーグループにはなかったので、注目を集めました。このアンケートは現在、ヤフー全社で実施されています。

上司と部下が、業務のことだけではなく、将来の展望を話し合うキャリア面談もスポーツナビで始めました。そのため、「スポナビの人事は面白い」とグループ内でも一目置かれるようになりました。

「ヤフースポーツ」の責任者になってからは、直属の上司である宮坂から「組織をよくするためには何が必要か」と聞かれ、メディア事業部内でリーダーシップ、コーチング、人間関係構築、組織開発などのテーマで研修会や講演会を企画、運営しました。

これは非公式の勉強会であり、ときには本社の人事からにらまれることもありましたが、参加者は次第に増えていき、いつしか「本間塾」と呼ばれるようになっていたようです。もっとも、その通称を知ったのは最近のことで、参加者が面白半分にそう呼んでいたというのが本当のところです。

この本間塾で、私がしばしば語った組織論の一つに、「フォロワーシップ理論」というものがあります。これは、強力なリーダーシップを持つカリスマ的な人物がいなくても、フォロワーであるメンバー一人ひとりが当事者意識を高く持ち、自律的に動くようになれば、強いチームはつくれるし、自ら動ける、しぶとい組織になる、という考え方で、中竹竜二さん（日本ラグビーフットボール協会コーチングディレクター）が提唱されている理論や、大学院で私が学んだキャリア論をベースに自分なりにアレンジしたものです。

今思えば、内容ははなはだ稚拙でしたが、それでも宮坂も、当時、「ヤフーニュース」の責任者だった川邊健太郎（現ヤフー社長）もこの塾を応援してくれました。

また、この頃、宮坂を中心に社内の有志が夜な夜なホテルに集まって、ヤフーを改革するためのミーティングを、これも非公式で開いていました。会のコードネームは「オルフェウス」でした。

この名称は、一九七二年に設立され、ニューヨークのカーネギー・ホールに拠点を置く「オルフェウス室内管弦楽団」に由来します。このオーケストラは指揮者を置かずに二十数人の団員だけで構成されており、選曲からリハーサル、演奏、レコーディングまでを一貫して演奏者たちが自律的に行っています。

ただし、これはリーダー不在を意味しているのではなくて、個々の演奏者がリーダーシップを発揮しているのであり、こうしたマルチリーダー型の組織形態は、欧米企業や研究者からも注目されています。

同楽団の演奏を成り立たせているのは、演奏者自身が中心となって活動する「オルフェウスプロセス」であり、以下の八つの原則があります（ハーヴェイ・セイフター、ピーター・エコノミー／鈴木主税訳『オルフェウスプロセス』角川書店、二〇〇二年）。

①　その仕事をしている人に権限を持たせる

②　自己責任を負わせる

③　役割を明確にする
④　リーダーシップを固定させない
⑤　平等なチームワークを育てる
⑥　話の聞き方を学び、話し方を学ぶ
⑦　コンセンサスを形成する
⑧　職務へのひたむきな献身

私は本間塾でも、このオーケストラのことをしばしば取り上げて、組織のあり方や真のリーダーシップについて議論しました。

攻めのヤフーを取り戻すための人事改革

北京五輪が終わった後は、一時、スポーツの仕事を離れ、その間にまた妙なクセが出て、神戸大学のＭＢＡプログラムを受講しました。心理学の視点でキャリアを学んだだけでは企業経営には不十分だと思い、経営学の視点からもう一度、キャリアを学び直したいというのが表向きの理由でしたが、本当はそろそろ転職のタイミングかなと考えていて、ＭＢＡに行けば次の「偶然」が見つかるのではないかと思ったのです。

しかし、そんな思惑は外れ、次のキャリアチェンジはヤフーの体制変更によってもたらされました。二〇一二年三月、ヤフーが宮坂を社長とする新体制へ移行することが発表されると、私は人事本部長に指名されたのです。

二〇〇〇年代のヤフーは、事業展開においては必ずしも好調とは言えない状態が続いていました。国内インターネット企業のトップブランドとして、広告やオークション事業を柱に高収益をあげ、成長を続けていたものの、パソコンからスマートフォンへのシフトという世の流れには乗り遅れ、ＳＮＳ（ソーシャル・ネットワーキング・サービス）や動画の領域でもヒットサービスをつくれていませんでした。

また、インターネットを利用する手段としてパソコンが主流だった時代には、ヤフーはポータルサイトとして圧倒的な数のユーザーを集めていましたが、スマホの世界ではユーザーはメニュー画面からアプリを直接起動するため、ヤフーを経由しなくても目的の情報やサービスにたどり着くことができます。これはヤフーのビジネスモデルを揺るがしかねない変化でした。

にもかかわらず、収益性や成長性が維持されていたのは、ひとえに井上社長の経営手腕が優れていたからなのですが、その一方で社内には、スピード感の欠如やリスク回避志向、組織の風通しの悪さといった、いわゆる「大企業病」の症状も見られるようになっていました。ベンチャーだった頃に社内に満ちあふれていた「攻めの姿勢」は失われ、いつの間にか、ヤフーは「守りの会社」になっていたのです。

宮坂はそうした状況に強い危機感を抱いて社長に就任し、「攻めのヤフーを取り戻すためには、社員の意識を抜本的に変える必要がある」と繰り返し発言していました。

私が宮坂に言われたのは、「かつてメディア事業部でやっていたことを全社でやってほしい」ということです。

この要請を受けて、私はヤフーの人事改革に取り組み、本間塾でやっていた研修を全社に展開したほか、MBOの変更や、上司と部下が週一回、三〇分のミーティングをする「1on1（ワン・オン・ワン）ミーティング」の導入を進めました。

以上、やや長めになりましたが、私のキャリアと企業観・人事観についてお話しさせていただきました。

次章では再び、ヤフーの働き方改革について詳しく述べていきます。

第二章

ヤフー流・「幸せな会社」のつくり方

ワークよりライフが大事な時代

前章で、ヤフーの働き方改革には、「企業として勝つため」と「社員が幸せになるため」という目的があると述べました。そこで本章でも、この二つの目的を果たすという観点から、ヤフーの制度や取り組みについて説明したいと思います。

はじめは、前章でもふれた「えらべる勤務制度」、週休三日制についてです。

現行の「えらべる勤務制度」は、どちらかというと「社員が幸せになるため」の制度になっています。子育てや介護をしている人たちが週四日だけ働いて、ワーク・ライフ・バランスを保つことができるものだからです。

もっとも、私はこのワーク・ライフ・バランスという言葉には若干の違和感をおぼえています。ワークとライフのバランスをとるというのはどうもおかしな表現で、もともとライフの方がワークよりも大事に決まっているだろうと思うのです。

「えらべる勤務制度」について社内で説明した際、私は「人生には仕事よりも大切なことがある。それをあきらめないでほしい」と呼びかけました。

日本では、「仕事が忙しくて親の死に目に会えなかった」といったことが今なお美談として語られたりします。しかし、そんなことは美談でも何でもありません。介護についても同様で、家族の介護が必要になったとしたら、それに合った働き方をするのが当たり前であって、そのために必要であれば休日を増やすことは、一人の人間として人生を送るうえで当然の話です。

人生には仕事よりも優先しなくてはいけないことがあり、会社のせいでそれらをあきらめなくてはならないとしたら問題ですし、それは会社の制度だけでなく、職場の人間関係などにも問題があるのかもしれません。「会社の制度上は休暇がとれる」という話ではなく、社員が気兼ねなく休めるような組織文化をつくること、そのくらいでちょうどよいのだと思います。

先述の通り、「えらべる勤務制度」は今後、対象を全社員に拡大していく方針であり、そうなれば理由を問わず、ヤフーの社員は週に三日休むことができるようになります。それにより、社員が「仕事より大切なこと」をあきらめないですむようになることが私たちの願いです。

制度だけでなく、職場の雰囲気を変えていくことも大切でしょう。というのも、制度上は休暇を取れることになっていても、本人が周囲に気兼ねして休めないといったことも起こり得るからです。事情を抱えている人が安心して休めるような職場の雰囲気をつくっていくこと、そこまでやってちょうどよいレベルなのだと思います。

また、この「えらべる勤務制度」の重要な点は、文字通り、社員が働き方を自由に選べることです。ですから将来的には、週三日の休日のうち一日は、自分で起業した副業の仕事をするとか、他の会社やＮＰＯ（非営利組織）で働くとか、無報酬でボランティアをやる、といった使い方も認めていくべきだと思っています。

他方で、休みは週に一日でも十分という人や、週末に働いて平日に休みたいという人がいれば、そういう働き方も同時に認めていくのが理想的でしょう。

そうした多様な働き方によって、社員が主体的にパフォーマンスをあげれば、それは「企業として勝つため」の力を高めることにもつながります。

出勤時間についても検討する必要があるでしょう。たとえば、社員が昼頃に出勤するとか、夕方になってから出勤するといったことは、これまで企業ではよしとされてきませんでした。しかし、もともと朝に強い人もいれば、夜に強い人もいます。すべての人が午前九時にそろって出勤しようとすると、都会ではラッシュアワーのストレスにも耐えなくてはなりません。

もちろん極端な働き方や自分勝手な働き方はよくありませんが、最低限の手続きをとれば出勤時間は固定しないというルールがあれば、個々の社員のパフォーマンス向上につながっていく可能性があります。個々が働く時間を自在に選び、それによって成果を出すことによっても、この制度は「企業として勝つ」という目的にかなうものになるのです。

仕事は属人化させず、「組織」につけよ

「えらべる勤務制度」を本格的に導入していくうえでは課題もあります。

たとえば、それぞれの社員にアサインする（割り振る）業務量を正しく調整し、それぞれの社員を適正に評価できるかという問題です。実際、日本企業では、社員は自分に割り振られた仕事だけをしているわけではなく、部署が一体となって動いたり、ある社員が他の社員の仕事を手伝ったりしています。そのため、休みが一日増えた場合に、それぞれがシェアすべき業務を正しく分配し、その成果をきちんと評価するのは容易なことではありません。

労働生産性の問題もあります。といっても、ここで私が言いたいのは、個人の生産性のことではなく、組織の生産性のことです。

近年、人工知能（ＡＩ）に対する期待が高まっています。ＡＩ技術を駆使することで社員を厳しく管理し、時間当たりの最低賃金を支払うといった雇用の仕方が話題になることもあり、そうした話はしばしば個人の労働生産性の向上とセットで語られます。

しかし、私自身はＡＩ技術の高まりには希望を感じつつも、この種の議論はあまり好ましくないと思っています。というのも、こんな未来を想像してしまうからです。

一〇年ぐらい先の近い将来、たとえばコールセンターの仕事は在宅でもできるようになり、担当の社員が顧客からかかってきた電話を受けると、直ちにＡＩが「このお客はクレーマーだから、こういうふうに注意して対応するように」といった指示を出す。電話対応の最中にも、ＡＩは「もっと声のトーンを高く」などとあれこれ細かく指図する。その間、社員の働きぶりは一秒ごとにＡＩが評価し、一日が終わると、その日働いた分の賃金が社員に知らされる――。

まるで近未来の管理社会を描いたディストピア小説のような話だと受け止める読者もいるかもしれませんが、企業が個人の労働生産性をトコトンまで向上させようとすると、社員はこんな働き方を強いられるおそれもあると私は考えています。しかもこの想像には続きがあって、数年後には、結局、コールセンターの業務自体が人間からＡＩに移管されてしまうかもしれないのです。

働き方改革を行った結果、このような社会になってしまったら、それは改革とは言えないでしょう。なぜなら、人間は機械ではないからです。

しかし、組織の労働生産性については常に考えておくべきであり、「えらべる勤務制度」を拡大していくにあたっては、次のような課題にも対応していく必要があります。

たとえば、あるマネジャーが土曜日と日曜日に出勤して、平日に三日間休むようになった場合、チームで平日に働いている他のメンバーとの連携がとりづらくなることは否めません。メンバーからマネジャーに対しては「相談する時間がなくて困ります」「意思決定が遅れます」といった不満の声が上がるかもしれません。

このような事態を回避するためには、メンバーへの権限移譲を進めるとか、あるいは、マネジャーと同じように判断や意思決定ができる人をチームにもう一人置いて「ダブルキャスト制」を敷くといった措置を検討する必要があるかもしれません。

マネジャーのダブルキャストというと、「人件費が高くなるではないか」と反発する経営者もいそうですが、工場で働く人や病院の看護師は二四時間三交代のシフト勤務で働いており、それによって工場はスムーズに稼働し、病院は質の高い医療サービスを提供しています。だとすれば、ホワイトカラー職場であっても、チームにマネジャーを二人置くぐらいのことは不可能ではないでしょうし、それによって組織の生産性が上がれば、会社経営にとってもメリットはあるはずです。

大事なことは、仕事を「人」につけず、「組織」につけること、つまり仕事を属人化させないことです。

余談ながら、以前、知り合いから次のような話を聞きました。グローバルに展開するコンサルティングファームでは、たとえば東京オフィスでクライアントから難しい問い合わせを受けたとすると、東京のコンサルタントは夜のうちに、世界各地に散らばるグループの各オフィスに向けてその内容をメールするそうです。

そうすると、シンガポールから、インドから、ヨーロッパから、米国東海岸から、西海岸からというふうに、時間差をおいて各地のコンサルから「以前、うちでも似たような事例があって、こんなふうに対応したぞ」といった回答が寄せられ、翌朝、東京のコンサルが出勤した頃には問題はほぼ解決。あとは、情報を整理して東京のクライアントの要望に最もふさわしい回答をつくるだけでいいというのです。

この話を聞いたとき、私は、ああ、これではグローバルなコンサルティングファームにはかなわないなと痛感しました。仕事を属人化させ、一国の一人のコンサルが問題解決に当たるのではなく、時間差と組織を有効に使って英知を結集する。これも、組織の生産性を高める働き方のよい実例ではないかと思います。

パフォーマンスが上がる場所を自分で見つける

話を戻しましょう。

二〇一六年一〇月、ヤフーは本社を東京都千代田区の「東京ガーデンテラス紀尾井町」に移転しました。

この新オフィスでは、社員が自由に座席を選べる「全館フリーアドレス制」を採用しています。社員はすべて会社が貸与するノートパソコンとスマートフォンを持って働いているため、決まった席にいる必要はありません。

私たちは、このオフィスを「情報の交差点」にしたいと考えています。毎日、隣の席に座る人が違っていて、仕事の合間に話す人も違う。そういう環境がイノベーションを生み出すのではないかと期待しています。

また、81ページの写真をご覧いただければわかるように、このオフィスでは一つひとつのデスクをあえて斜め向きに配置し、社員がジグザグにしか歩けないようにするなどして、人と人がぶつかるデザインとなっています。これもコミュニケーションを促進し、社員が新たな気づきや発想を得やすいようにするためです。

フリーアドレス制には、社員が集中したいときに集中しづらいといった欠点もありますし、社員同士のコミュニケーションを促進するといっても効果は限定的で、なかなかイノベーションを起こすまでには至らない、といった指摘を受けることもあります。しかし、だからといって、「やらない理由」を並べるだけでは改革は一向に前に進みませんし、どのような施策にも利点もあれば懸念点もあるものです。それらを踏まえて試行錯誤を続けることが大切なのではないかと思います。

ヤフーでは、この新オフィスへの移転を機にテレワーク制も拡大しました。ヤフーのテレワークは、二〇一四年、「どこでもオフィス」の名称ですでに始まっており、当初は月二回まで、上司に事前申請すれば、社外のどこで働いてもいいことになっていましたが、これを月五回までに拡大したのです。

「どこでもオフィス」は、社員が自宅で働く場合はいわゆる在宅勤務となります。ですから、たとえば、子育て中の社員（母親でも父親でも）が自宅で働くことができるという意味では「社員が幸せになるため」の制度です。

しかし、私たちはこの制度を、社員個々が主体的にパフォーマンスを上げることで「企業として勝つため」にも活用してほしいとも考えています。自分が集中して効率よく働ける場所を自分で見つけてほしいのであって、図書館で働きたい人は図書館に、カフェで働きたい人はカフェに行ってもよく、取引先の近くが便利だという人はそういう場所を見つけて働いてもかまいません。なぜなら、「自分の専門家は自分」であって、上司や人事ではないからです。

ヤフーの社員の中には、この制度を利用してＪＲの中央線に乗って都心から郊外の立川まで約二時間、往復しながら働いている人もいます。この人は鉄道ファンなのですが、行きでパワーポイントで資料の目次案をつくり、帰りで資料を仕上げるそうです。

在宅勤務で部下はサボるか

テレワークを推進すべきだというと、よく「在宅勤務を認めると、社員がサボるのではないか」と心配する人がいます。その気持ちはわからないでもありません。一般論として、テレワークをしている人たちのすべてが、オフィスにいるときと同じくらい集中して働いているかというと、必ずしもそうではないでしょう。

中には、サボっている人もいるかもしれません。けれども、「社員がサボる」と言う人に対して私が言いたいのは、「じゃあ、社員は会社にいたらきちんと働いていると言えるのか。会社でサボっている社員もいるのではないか」ということです。

私が就職して間もない頃、とある会社では「飲み会の翌日も必ず朝八時には会社に来い。二日酔いでつらかったら会議室で寝ていてもいいし、トイレにこもっていてもいいから、とにかく出退勤のハンコだけは押しておけ」と言われたそうです。

あの時代の企業は、よくいえばおおらか、悪くいえばいい加減でしたし、社員同士が同じ空間にいることで一体感を強めるという、ある種の規律意識のようなものも組織内で作用していたので、「とにかく会社に来い」という話になったのだと思います。

しかし、現在はそんな働き方は認められないはずです。朝、定時にちゃんと出勤してきても、その後は、資料集めかどうかも定かではないネットサーフィンをしたり、同僚とおしゃべりしながらのんびり働いたりして、結局、その日の仕事が終わらないから残業する、そんな社員がいたら企業も迷惑でしょう。

台風の日にも頑張って朝早く会社に来る人こそ、「社員の鑑」だといった話もよく聞きますが、そういう考え方も見直す段階に入っているのではないかと思います。交通手段が混乱し、いら立つ乗客に交じってヘトヘトになりながら出勤してきて、私たちは成果をあげることができるでしょうか。かつては、困難な状況でも会社に来ること自体が会社への忠誠心や職位に対する責任感を示すことにつながりましたが、そういう働き方はもう古いのではないでしょうか。

東京に住む人の平均通勤時間は片道五八分だといわれています。そう考えると、社員が成果をあげるためには、仕事上の工夫も大切ですが、往復の通勤時間のストレスを減らしたり、通勤時間そのものをなくすような発想をすることも必要なのではないかと思うのです。

カギは現場の人事力

「えらべる勤務制度」や「どこでもオフィス」を質の高い形で運用していくためにカギとな

るのは、上司の能力です。週休三日で出勤日が五分の四に減った部下に対して、上司はそれにふさわしい量の仕事を割り当てなくてはなりませんし、在宅を含め社外で働く部下を管理し、評価するのも、上司の仕事です。

人事制度を現場で実際に運用するのは、人事ではなく、現場のマネジャーであり、そのために必要な力を私は「現場の人事力」と呼んでいます。それなしには、これら二つの制度はうまく回らないのです。

近年、「ノーレーティング（No Rating）」という用語が人事の世界ではよく聞かれます。これは、年度の終わりに社員をA、B、Cというふうにランク評価するのをやめて、その代わりに上司と部下の対話の頻度を上げて、目標設定とフィードバックをふだんから行い、個人と組織のパフォーマンスを最大化しようという取り組みです。

ノーレーティングは、GE（ゼネラル・エレクトリック）やIBMなどの名だたるグローバル企業がすでに導入しており、この流れが日本の企業にも波及すれば、それがきっかけとなって現場の上司力が向上する可能性もあります。ただ、そのためには、上司と部下の面談を半期に一度とか四半期に一度といった形ではなく、もっと頻度を高める必要があります。

いまや一般名詞となった1on1ミーティング

ヤフーの場合は、先述の通り、私が人事の責任者になった二〇一二年から、上司と部下が週に一度、三〇分間対話する「1on1ミーティング（以下、1on1）」を全社に浸透させてきました。

この1on1は、もともと私が「ヤフースポーツ」の責任者だった頃に始めたものが原形となっています。

始めるきっかけとなったのは、部下とのコミュニケーションにまつわる私自身の苦い経験です。あるとき、私がメンバーの一人に対して「このままでは評価は上げられない」というようなネガティブなフィードバックをしたところ、本人はたぶん不満だったのでしょう、「そういう本間さんはふだん何をやっているんですか」と言ったのです。

それまで私はチーム内のコミュニケーションはうまくいっているだろうと思い込んでいました。また、私自身は社外を飛び回って仕事を取ってくるのが大好きだったのですが、そういう仕事の仕方もチームに理解してもらっているはずだと過信していました。

しかし、実際はそうではなかったわけで、私は大いに反省するとともに、コーチングの本に書いてある「コミュニケーションは頻度」とはこういうことなのかと実感しました。

そこで、チームのメンバー全員ともっと頻繁にコミュニケーションをとろうと考え直して、時間が空けば、メンバーの一人ひとりに「ちょっとお茶でもどうかな」などと声をかけ、オフィス近くのカフェで話をするようになったのです。効率を考慮すれば、一〇人を集めてミーティングをした方がいいことはわかっていました。しかし、場合と目的によっては、一対一（1 on 1）のミーティングを選んだ方が効果は高いはずだと考えました。

この元祖1 on 1を始めると、メンバーにはとても好評でした。当初は、どちらかというと私の思いを伝えることを目的としていたのが、いつの間にか、部下の話を聞き、部下を理解する場に変わっていったのです。幸運にも私はカウンセリングを学んだことがあり、キャリア心理学の勉強もしていたので、その手法をベースに「あなたは将来どんな仕事をしたいの？」とか「そのためには今どうすればいいの？」といった問いかけを繰り返し、メンバーはそれに答えるというやりとりでしたが、「え、そんなことも打ち明けてくれるの？」とこっちが驚くくらい、みんな自己開示をしてくれたのです。おかげで、チームでビジョンが共有できたり、個人の強みを生かしたチームづくりができたりするようになり、抜群の効果でした。

同じ頃、外資系のＩＴ企業に勤めている知人から「うちの会社にはいいルールがあって、

月に一回、上司が何でも話を聞いてくれる」と聞いてからは、1on1が秘めているパワーに確信を抱くことができました。

ですから、人事本部長になったときも、迷うことなく1on1を全社に導入することができたのです。

現在、ヤフーのオフィスには、1on1がしやすいようにデザインされたスペースや部屋が設けてあり（上の写真）、各部署のあらゆる階層で1on1が実施されています。そのため、上司と部下のコミュニケーションは比較的よくとれていると思っています。

また、一般的に現場の人事力を高めるためには、上司が管理する範囲、経営学でいうところの「スパン・オブ・コントロール」を上司の能力などに応じて調整していく必要もあります。日本企業では一九九〇年代にフラット化が進んだ結果、一人の上司が管理しなくてはいけない部下の数が増えてしまい、それによって、上司が部下をよく見ることができにくくなっているからです。

ヤフーでは、上司のスパン・オブ・コントロールを三〜六人ぐらいにすることを一つの基準にしていますが、今後、「えらべる勤務」や「どこでもオフィス」などの制度を現場の人事力で裏側からしっかり支えていくためには、組織設計をさらに高度なものにしていくべきだと私は考えています。

社員の生活コストを下げる

続いて紹介するのは「新幹線通勤」です。

二〇一六年の九月からヤフーでは、通勤に二時間以上かかる従業員を対象に、新幹線代を含む通勤交通費を負担しています。東京の本社に通勤する人の場合、東北新幹線なら福島、上越新幹線なら越後湯沢、東海道新幹線なら静岡ぐらいまでが通勤圏内となります。大阪オフィスへは名古屋からも通勤できます。

新幹線通勤を認めたのは、一つには、それまで月一〇万円だった交通費の非課税限度額が月一五万円に引き上げられたことがきっかけでした。

といっても単に税金の問題だけではなくて、もともと右記の圏内に住んでいる人であれば、わざわざ東京に移り住んで、毎朝、満員電車に閉じ込められて会社に通うよりも、地元から新幹線でゆったり通う方がストレスにならないでしょう。また、新幹線の車内は本や資料を読んだり、じっくりものを考えたりするのにも向いているように思います。

そういう通勤スタイルの社員が増え、仕事でパフォーマンスを発揮してくれれば、この制度は「企業として勝つため」という改革の目的に沿ったものとなります。

また、新幹線で通勤することで地域のコミュニティに根差した生活を送ることができる社員が増えれば、そのことも「企業として勝つため」の競争力の源泉にもなりえます。

ヤフーが掲げるミッションは「課題解決エンジン」です。そして、課題は各地にさまざまな形で存在しています。その課題をＩＴによって解決する方法を各地のヤフー社員が考え出せれば、ヤフーは地域に貢献できる企業になれるし、そのことが企業としての競争優位性にもつながるはずです。

地方で暮らしていれば、生活コストの削減もできます。たとえば、親と実家で同居できる人は家賃がかかりませんし、賃貸物件に住むにせよ、家賃は東京ほど高くありません。物価も安いし、近所の人から野菜を分けてもらうといったこともあるかもしれません。地方に生活の拠点を置き、新幹線通勤をすることで、そのような豊かさを感じながら働くことができるのです。

人事の責任者である私がこのようなことを言うと、「企業はそんなことを考えずに、社員の給料を上げるべきだ」と感じる人もいるかもしれません。それはその通りで、企業は貢献度に応じた給料を社員にしっかり払うべきです。

けれども、「社員が幸せになるため」に、生活費をセーブできる働き方の選択肢を提示することも、私はこれからの企業には必要なことだと思うのです。今後、この国では消費税も社会保障費も必ず上がります。そうした中で、仮に月に一万円昇給したとしても、そこから税金や社会保障費が引かれて手取りが六〇〇〇円しかアップしないのであれば、生活費を一万円下げることが可能になる施策を考えることも大切なのではないか、というのが私たちの考え方です。

新幹線通勤は、都会で働きつつ、プライベートでは田舎暮らしを楽しむというライフスタイルの実現にもつながります。

私の知り合いでコンサルタントとしても活躍しているBさんは、以前、東京の世田谷に住んでいましたが、最近、神奈川県の葉山町に引っ越しました。直接的な理由は、お子さんが昆虫を触れないことに気づき、「これはよくない」と感じたからだといいます。神奈川なので、都心に出るのに新幹線に乗る必要はありませんが、週五日のうち三日は会社に行き、残りの二日は自宅で働いているそうです。

そのBさんと先日会ったとき、いきなり言われたのは、「本間さんが今、着ているポロシャツはどこのですか?」という一言でした。その日、私はあるブランドのポロシャツを着ていたので、そう答えると、「ああ、うちのあたりでそんな高い服を着ていたら、泥を投げつけられますよ」と言って笑っていました。

聞けば、Bさんは引っ越してからというもの、着るものはだいたいファストファッションで、足元はサンダル履き、自動車は軽で、家族との外食はファミリーレストランといった暮らし方に変わったそうです。もともとは服装にも車にも食事にもそれなりにお金をかけていたそうですが、それは、世田谷の高級住宅地で周囲の目を気にしながら暮らしていたからで、葉山ではそんなよけいな見栄を張らなくていい分、生活コストが下がったということでした。

横浜育ちの私からすれば、葉山も別荘族のお金持ちがヨットに乗りに来る町というイメージですが、住んでいる地元の人たちは、おそらく見栄を張ることとは無縁の暮らしを送っていて、Bさんも自ずとそういう気取らないライフスタイルに変わっていったのでしょう。ちなみに、お子さんは、昆虫はもちろん、生きた魚も手でつかめるようになったとのことでした。

この話を聞いたとき、私がすぐに思い出したのは、野村総研にいた若い頃、ある大企業に勤めている方からうかがったことです。その会社では、男性社員は二〇代後半ぐらいで社内結婚するというパターンが多く、しかも相手はグループ企業の役員や幹部のご息女だったりするそうで、そうなると、結婚と同時に奥さんの実家から頭金を出してもらい、七〇〇〇万円から八〇〇〇万円もする高級マンションを三五年ローンで購入――。一見、幸せいっぱいの生活のスタートです。

けれども、大変なのは実はそこからなのです。七〇〇〇万円以上もするような高級マンションを買えるのは、いずれも大企業の高給取りですから、奥さんは専業主婦の座に収まります。そうすると、マンション内には同じような人たちのコミュニティが形成され、子どもが生まれれば、やれ、夏休みはどこに遊びに行く、やれ、お受験はどうする、といった会話が飛び交うのです。

マンションの駐車場には高級車がずらりと並びますから、車を買うにしても周囲の目が気になります。要するに、マンションコミュニティの「見栄っ張り競争」に飲み込まれてしまい、いやでも生活水準が下げられなくなるというのです。

これは一九八〇年代から九〇年代にかけての話ですし、内容も少々誇張されている面があるでしょう。いうまでもなく、都会には都会のよさもたくさんあります。

一方で、そういう「見栄っ張り競争」に巻き込まれることなく、気取らない暮らしができる場所で暮らすのも、一つの幸福の形であり、新幹線通勤はそういう人をサポートする施策でもあると私は思っています。

また、今後、遠距離通勤のあり方は、リニア中央新幹線の開業によってさらに劇的に進化すると思われます。予定通りに工事が進めば、二〇二七年の先行開業で品川－名古屋間が四〇分で結ばれますし、そうすると愛知県内は言うに及ばず、沿線の山梨・長野・岐阜県といった地域も東京への通勤圏となります。

その頃にはIT回線もより強くなり、テレワークも一層進んでいるでしょうから、週に五日会社に行くというルールはスタンダードではなくなっているかもしれません。

日本人の有給休暇取得率は最下位

話を戻しましょう。次は「サバティカル制度」です。

欧米先進国の企業では、社員が毎年数週間のバカンスを取ったり、キャリアの節目に数カ月以上の長期休暇であるサバティカルを取ったりするのは、ごく一般的です。

たとえば、フランスでは一九三〇年代にすべての労働者が毎年、連続二週間の有給休暇を与えられる「バカンス法」という法律が定められ、以来、有給休暇の付与日数は時代を追うごとに増えて、一九八二年に現在の水準である年五週間となりました。

サバティカルに関しても、フランスには法律があり、申請時に勤務する企業における勤務年数が三年以上、かつ通算の勤続年数が六年以上で、当該企業で過去六年間、サバティカルを利用していない人は、六カ月〜一一カ月の休暇を取ることができます。

また、世界でも有数の「労働時間が短い国」であるドイツには「労働時間貯蓄制度」というモデルがあり、労働者は、職場で定めた契約上の労働時間と実労働時間の差、つまり残業や休日出勤といった所定外の労働時間を銀行預金のように勤務先の口座に積み立てておき、後日、休暇として利用できます。口座が置かれている企業の六三％では、積み立てられた時間は長期休暇に使われています。

こうした例に比べると、日本では、休暇の制度が遅れているだけでなく、休むこと自体が苦手なのではないかと言わざるをえません。

世界最大級の総合旅行サイト・エクスペディアの日本語版サイト「エクスペディア・ジャパン」が公表した有給休暇の国際比較調査（二〇一七年）の結果を見ると、日本人の有給消化率は世界三〇カ国中ビリの五〇％です。二〇一四年以降、最下位を脱していましたが、二〇一六年に最下位に落ち、以来、二年連続となりました。日本に次いで順位が低い韓国でも六七％を消化しており、その差は歴然としています。

同調査では、有給休暇の取得に「罪悪感」を感じる日本人の割合が六三％と、これも世界ワースト一位であることもわかりました。有給休暇を取らない理由の一位は「緊急時のために取っておく」、二位は「人手不足」、三位は「職場の同僚が休んでいない」。「自分が有給休暇を取ることに上司は協力的か」という問いに「わからない」と答えた人は三割以上もおり、これもワーストでした。

ヤフーでは有給休暇の取得率は八一・九％です。厚生労働省の調査では平均は五〇％だと聞いていますので、高い方だといえますが、一〇〇％にするには、まだ工夫の余地があります。

サバティカルも二〇一三年一一月から、勤続一〇年以上の正社員を対象に最長で三カ月間の長期休暇を取得できる制度として導入しています。

ヤフーのサバティカルは、一定のキャリアを積んだ社員が自身のキャリアや経験、働き方を見つめ直す機会を自らつくり、さらなる成長につなげるための制度であり、社員に自律的に働くことを促すという意味では「企業として勝つため」の制度です。

休暇期間中は何をしてもよく、子育てに向き合う人もいますし、海外に短期語学留学に行く人もいます。つまり、ワーク・ライフ・バランスを調整したり、人生一〇〇年時代に備えて自分の将来への投資期間に充てたりすることができるので、その意味では「社員が幸せになるため」の制度でもあります。

また、一般的に企業のサバティカル休暇では期間中は無給というケースが多いのですが、ヤフーでは、「休暇支援金」として基準給与の一カ月分が取得者に支払われます。制度をより使いやすくするために、取得者個人の有給休暇とサバティカルを併せて利用することもでき、その場合は休暇期間中に一定額の給与も支払われます。

サバティカル制度によく似たものとして「リフレッシュ休暇」という制度があり、厚労省の調べ（二〇一三年）によると、日本では一割程度の企業で導入されているそうです。しかし、これは、社員やその家族のリフレッシュを目的とした一週間程度の休暇であり、勤続何周年といった節目に限定して取る休みであることも多く、その場合、社員はそのタイミングで取らなければ休む権利が失効してしまいます。社員が自分のタイミングで取得することのできるサバティカルとは、そこが異なります。

現在、ヤフーでサバティカルを取る社員は年間に二〜三％ですが、これは若手の社員が多いためで、今後は徐々に取得率も上がるだろうと期待しています。

不眠大国ニッポン

ヤフーの働き方改革では、「働く人のコンディション」も大きなテーマです。二〇一六年九月には、当時社長を務めていた宮坂が「チーフ・コンディショニング・オフィサー（Chief Conditioning Officer：ＣＣＯ）」に就任しました。

一般的に、企業で社員の健康増進施策を統括する役職者は「チーフ・ヘルス・オフィサー（Chief Health Officer：ＣＨＯ）」と呼ばれます。これに対し、ヤフーでは、単に社員に健康になってもらうだけでなく、働くためのコンディションを最高の状態にして最大のパフォーマンスを発揮してほしいという思いを込めて、このＣＣＯというポストを新設しました。したがって、社員のコンディションに対するケアは、「社員が幸せになるため」だけでなく、「企業として勝つため」の取り組みです。

コンディションを整えるために大事な三要素は、「睡眠」「食事」「運動」と言われます。そこでまず睡眠のことからお話ししましょう。

日本はよく「不眠大国」だと言われます。厚労省が二〇一五年に実施した「国民健康・栄養調査」によると、二〇歳以上の人の一日の平均睡眠時間は「六時間以上七時間未満」が最も多く、男性で三三・九％、女性で三四・二％でした。睡眠時間が六時間未満の人は、二〇〇八年には三割に満たない割合でしたが、その後ずっと増え続け、二〇一五年には約四割となっています。

世界の国々と比べて日本人の睡眠時間が短いこともわかっています。経済協力開発機構（OECD）が二〇〇九年に行った調査では、日本人の平均睡眠時間は七時間五〇分で、対象一八カ国の中では韓国の七時間四九分に次ぐワースト二位でした。

OECDは二〇一四年にも二九カ国の一五～六四歳を対象に平均睡眠時間の調査を行っており、ここでも日本は七時間四三分で、韓国の七時間四一分に続くワースト二位となっています。

睡眠の質に関しても状況は深刻です。右記の厚労省の調査では、睡眠時間が六時間未満で「週三回以上、日中、眠気を感じた」と答えた人が、男性で四四・五％、女性で四八・七％

います。

最近は、睡眠不足が借金のように積み重なることが「睡眠負債」と呼ばれ、がんや認知症のリスクを高めるなど心身に悪影響を及ぼすと指摘されています。その一方で、この言葉を紹介したＮＨＫのドキュメント番組『睡眠負債が危ない』（二〇一七年六月一八日放送）が大きな反響を呼んだように、人々の睡眠に関する意識も向上しつつあるように見受けられます。

「寝る」ことは「仕事」である

以前、メジャーリーグでプレーしていた日本人選手が数年ぶりに日本のプロ野球界に戻ってきたとき、本人が空港でマスコミの囲み取材を受け、「これからどうしますか」と記者に尋ねられて、「寝ます。寝るのも仕事だから」と即答していた様子がテレビに映し出されていました。最高のパフォーマンスを発揮するためには十分な睡眠が必須と言い切ったその姿を見て、なるほど、米国で一流の選手たちと競い合ってきた人は言うことが違うと思いました。

プロ野球の打者は、一シーズンを通して打率三割をキープできれば、年俸一億円も夢ではありません。けれども、二割五分しか打てなければ、下手をするとクビになってしまいます。

では、三割と二割五分の差である「五分」とはどういう数字かというと、これは二〇打席に一本のペースでヒットを打ち続けられるかどうかという数字です。

二〇分の一――その違いが、一シーズンが終わったときには、一流の三割バッターと平凡な二割五分のバッターの違いを生むのです。

そのことを考えると、その選手が睡眠を重視する理由がよくわかります。彼は常にグッドコンディションで試合に臨み、結果を残さなくてはならないと思っていたからこそ、「寝るのも仕事」と語ったのでしょう。

睡眠とスポーツのパフォーマンスの関係に関しては、スタンフォード大学による有名な研究もあります。これは、同大の男子バスケットボール選手一〇人に四〇日間、毎晩一〇時間ベッドに入ってもらい、それが日中のパフォーマンスにどのような影響を及ぼすかを調査したものです。具体的には、コート内を何度も折り返す八〇メートル走のタイムと、フリースロー（一〇本）とスリーポイントシュート（一五本）の成功数を毎日記録しました。

学生とはいえ、スタンフォードのバスケ選手はセミプロレベルで、八〇メートル反復走は一六・二秒で走り、フリースローは一〇本中八本、スリーポイントシュートは一五本中一〇本入れるという運動能力の高い人たちです。

ですから、大きな変化は出ないだろうと予想され、実際、最初の数日はさほど劇的には変わらなかったのですが、四週間が経過した頃には、八〇メートル反復走のタイムは〇・七秒縮まり、フリースローは〇・九本、スリーポイントシュートは一・四本も多く入るようになっていました。

さらにこの研究の興味深いところは、四〇日間の実験が終了し、一〇時間睡眠をやめると、選手たちの記録は実験開始前に戻ってしまったということです。つまり、選手たちのパフォーマンスが上がった理由は睡眠にあったとはっきりと裏づけられたわけです（西野精治『スタンフォード式最高の睡眠』サンマーク出版、二〇一七年）。

「二日酔い」「寝不足」は言い訳になるか

このように書くと、アスリートと一般のビジネスパーソンを一緒にするな、という反論が聞こえてきそうです。しかし、私は、アスリートもビジネスパーソンも睡眠に気を使わなくてはならないという点では変わらないと思っています。

二〇一七年の三月、私は初めての単著となる『ヤフーの1on1――部下を成長させるコミュニケーションの技法』（ダイヤモンド社）という本を出版しました。

その本の執筆中に私が感じたのは、夜にまったく筆が進まないということでした。私は野村総研時代から文章を書くのはあまり苦にならないタイプで、昼間は外出やミーティングなどをこなしつつ、夕方、軽食をとってから深夜にかけてレポートをまとめる、といった働き方をしていました。働きながら大学院に通っていたときも、修士論文を書くのは必ず夜と決まっていました。

けれども、年をとって体力が落ち、疲れやすくなったのか、あの本を書いている間は、夜、帰宅してからパソコンを開いてもすぐに眠くなってしまうし、文章もぜんぜん思い浮かばず、原稿作成は一向にはかどりませんでした。

そこで、思い切って長年の習慣を変え、夜は早めに寝て、朝の七時半ぐらいにオフィスに来て、それから一時間半か二時間ぐらいを執筆に費やすようにしました。そうすると、すっきりした頭で集中して文章が書けるようになり、なんとか締め切りまでに原稿を仕上げることができました。

そのときに、はたと気づいたことがあります。「文章を書く」といった結果が明確な知的生産は、やはりコンディションを最高の状態に持っていかないと不可能だということです。それはプロでも同じようで、ベストセラーをたくさん出している著名な作家ほど、案外、早起きして午前中から書いていると聞いたことがあります。そうした方が、頭が冴えてパフォーマンスがあがるのだと経験的にわかっているからでしょう。

読者のみなさんも、高校や大学を目指して受験勉強をしていた頃のことを思い出してみてください。受験生には朝型と夜型の二つのタイプがいて、朝型の人は夜、夜型の人は昼間に、それぞれ十分に睡眠をとってコンディションを最高の状態にしたうえで、机に向かっていたと思います。受験というのもパフォーマンスの結果が明確で、しかも責任がすべて自分自身に跳ね返ってくるものなので、そうやって各々がコンディションを整えていたはずですし、そこに言い訳は効かなかったのです。

ビジネスパーソンの仕事もその延長線上にあると、私たちは再認識すべきでしょう。睡眠時間が足りず仕事に集中できないという人に理由を聞くと、「お酒を飲みすぎた」とか、「ゲームに夢中になって徹夜した」とか、「夜更かししてテレビを見てしまった」といった答えが返ってくることがあります。そんな言い訳が許容されてきたのは、ビジネスパーソンのパフォーマンスに対する評価が、プロ野球選手の打率のように「五分（五％）」の差が決定的な違いになるような厳しいものではなかったからかもしれません。

しかし、今後はどうでしょうか。会社にいるだけで給料がもらえる時代はすでに終わり、私たちはすべて結果を求められています。

とりわけ、ヤフーが事業領域としているような分野においては、まずは解くべき課題を見つけ、それを解決して人々の暮らしや世の中全体をよくする方法をフレッシュな頭でロジカルに考えなくてはなりません。コンディション調整はそのために欠かせず、十分な睡眠はその最たるものと言えるでしょう。

睡眠不足の解消には、一〇～一五分の短時間の昼寝が有効だとも言われています。そのため、ヤフーではオフィスの各フロアに畳敷きの休憩コーナーを設け、社員が気兼ねせずに昼寝をできるようにも配慮しています。

社食だってパフォーマンスのために

続いては食事についてです。宮坂のCCO就任後、ヤフーでは、業績を追求するだけでなく、すべての働く人が心身ともにグッドコンディションで業務に取り組むことができる企業になるために、「UPDATEコンディション――働く人の身体の健康（安全）と心の健康（安心）をUPDATEする」と名づけた活動を開始しました。その一つが、社員食堂を充実させることでした。

ヤフーが新オフィスの一一階に設けた社員食堂は、定食などが提供される「ＢＡＳＥ」と、パンや軽食などが楽しめるカフェ「ＣＡＭＰ」から成っています。座席は約八二〇席あり、「ＢＡＳＥ」は朝昼晩、「ＣＡＭＰ」は午前八時から午後八時まで営業しています。

歴史的に見ると、社員食堂は、明治以降、企業の社員に対する福利厚生のための施設として始まりました。工場など周囲に飲食店がない事業所に食堂を設置するとか、街中の飲食店よりも安い価格で食事を提供するといったことが目的で、社員がお腹いっぱい食べられるように、ご飯ものや麺類などの炭水化物をたっぷり出すというスタイルが長く続きました。

それが近年、企業が自社の価値や先進性を表す施設へと変わっていき、周囲に飲食店があっても、あえて社食をつくるというトレンドが生まれました。たとえばＩＴ系のグローバル企業などでは、ふだんはあまり接点のない社員同士が社食で出会うことによってコミュニケーションが活発になり、そこからイノベーションのきっかけが生まれることを狙っています。メニューはどれも無料という企業もあります。

ヤフーの場合はさらにその先を考えていて、社員のコンディションをよい状態にキープすることを目的としており、栄養バランスのとれた定食や低カロリーメニュー、サラダバイキングなどを社員に提供しています。

健康やダイエットのためではなく、パフォーマンスをあげるために食事に気をつけるという発想は、日本人にはまだまだ足りていないようです。

サッカーやラグビーでよく聞く話ですが、海外から日本にやってきた選手やコーチがまず驚くのは、選手がカップラーメンやスナック菓子を平気で食べていることだそうです。日本人選手は練習やトレーニングには気を使うのに、食事には無頓着で、パフォーマンスを高めるために食事をとるという発想がない。そのことにあきれるというのです。

アスリートでさえそうなのですから、一般のビジネスパーソンはさらに輪をかけて食事に無頓着だろうと思われます。

そういう状況を変えるべく、ヤフーの社食では、ICチップつきの社員証で支払いをする際に、金額だけでなく、注文したメニューのカロリーなども表示されるようになっており、社員は自分で日々の栄養管理ができます。将来的には、社員が自分の摂取した栄養素やカロリーを専用サイトで継続的に閲覧できるようにし、希望する社員は医師や管理栄養士を通じて生活指導を受けられるといったプログラムも検討しています。

ただ、この手のことはやりすぎないことも大事で、社員の飲食に関するデータを人事が一括管理するなどといったことはけっしてしてはなりませんし、データを集めるなら、「コンディション管理センター」のような部署を別途設ける必要もあるでしょう。

通勤時間を有効活用するために

次に運動について述べます。

現在、ヤフーでは社員の自転車通勤を一部で認めています。

自転車通勤は健康増進のためだけでなく、省エネルギー、無排ガス、交通渋滞緩和などのメリットがあることから、最近では多くの企業や団体が社員に対して認めています。高性能でオシャレなデザインの自転車が普及し、自転車愛好家が増えているということも背景にはあるでしょう。

しかし、この自転車通勤の可否をめぐっては、ヤフー社内でかなりの議論が交わされました。というのも、企業が自転車通勤を社員に対して認める場合には、事故のリスクについてあらかじめ考えておかなくてはならないからです。

警察庁の発表によると、二〇一七年の自転車関連交通事故件数は九万四〇七件で、件数自体は減少傾向にありますが、交通事故全体に占める自転車関連事故の割合は二〇%近くあり、この数字はここ一〇年ほどほとんど変わっていません。

企業が社員に自転車通勤を認めた場合、万が一、社員が自転車で通勤中に事故に遭ってケガをすると、労災（通勤災害）になってしまう可能性もあります。

また、社員が自転車事故で歩行者に接触してしまった場合、本人は加害者としての責任を追及され、責任が果たせない場合は勤め先の企業が責任を追及されることもあります。とりわけ加害者が信号を無視したとか、スピードを落とさなかったといったケースで被害者が死亡したり、重大な後遺症を負ってしまったりすると、裁判で加害者に数千万円から一億円近い賠償金の支払いが命じられることもあります。社員の自転車通勤には慎重な姿勢をとる企業が多いのはそのためです。

けれども、満員電車で自宅と会社を往復するというストレスフルな時間が、自転車通勤によって快適な運動の時間に変わるのであれば、これほどいいことはないと私は考えています。駐輪場を整備し、事故が起きた際のことを考えて損害保険への加入や交通安全教育の受講を義務づけるといった対策は必要ですが、通勤の仕方は本来自由であるべきで、自転車で来たい人はそうすればいいし、走って来たいという人がいてもいいと思います。

運動に関しては、ヤフーでは、新オフィスへの移転にともなって社内にフィットネスクラブをつくろうという案も浮上しました。スペースの確保といった問題があって実現しませんでしたが、シャワールームは設けたので、夕方、近くの皇居周辺をランニングし、それからシャワーを浴びて帰ることもできます。

また、将来、「えらべる勤務制度」が拡大されれば、週休三日が可能になり、現在でも「どこでもオフィス」によって通勤時間を減らすことができますから、ヤフーでは社員に対して、運動する時間を提供しようと努めているとも言えます。ぜひ、それぞれ自分に合った形で体を動かしてコンディションの調整を図ってほしいと願っています。

以上、この章では、ヤフーにおけるさまざまな制度とその背景にある考え方について見てきました。

次章では、働き方改革を進めていくうえでの諸課題について述べていきたいと思います。

第三章——部下の「努力」を評価してはいけない時代

成果主義は機能していますか?

先にも述べた通り、働き方改革がうまくいかないとしたら、その原因の一つは成果主義の不徹底にあるだろうと私は見ています。社員に自由な働き方を認める一方で、成果をきちんと測って評価するということを怠れば、必然的に企業の競争力は落ちてしまうからです。

日本では成果主義は、バブル崩壊以降の一九九〇年代から二〇〇〇年代前半にかけて、それまでの年功序列型の報酬体系を改める形で、各企業に導入されました。

当時、よくマスメディアに取り上げられたのは富士通のケースだったと記憶しています。同社では一九九三年、他に先駆けて管理職を対象に目標管理制度(MBO)を軸とする成果主義を導入し、翌九四年には管理職に年俸制と裁量労働制を適用。九八年には一般社員も成果主義の対象としました。

しかし、鳴り物入りで制度をスタートさせたものの、同社では、管理職が部下に対するフィードバックをやらない、当初は相対評価だったが、社員の不満が高かったため絶対評価に移行したところ、社員が高い目標を設定しなくなった、社員のモチベーションも愛社精神もダウン——といった諸問題が社内で表面化しました。また、その後、業績も悪化して、原因の一つは成果主義にあるのではないかという見方が強まったため、二〇〇一年以降、制度の大幅な見直しを余儀なくされています（城繁幸『内側から見た富士通』光文社、二〇〇四年）。
とはいえ、富士通に限らず、多くの企業では今さら年功序列制に戻すわけにもいかず、改善や修正を加えるなどして成果主義を継続させているわけですが、制度の開始から二〇年以上がたった今、私は「成果主義は失敗だった」とそろそろ認めるべきではないかと考えています。

あなたは部下を正確に評価していますか？

日本企業で成果主義が失敗したのは、そもそも多くの企業では上司が部下を適正に評価できていないからです。
近年、企業のマネジャー（課長クラス）の「プレイングマネジャー化」が進んでいます。立教大学経営学部の中原淳教授と公益財団法人日本生産性本部が、社員数三〇〇人以上の企業に勤務し、部下を一人以上持っており、マネジャー経験が一年以上、九年以下の人たち（三三～五九歳）に対して実施した調査（二〇一二年）によると、プレイヤーとしての時間をほとんど過ごすことがなく、マネジメント業務だけに従事している「完全マネジャー」は、五一七人中わずか一四人、全体の二・七％しかいませんでした。

プレイングマネジャー化はそのぐらいの勢いで進行していて、中原教授は、もはや上場企業の中間管理職にマネジャーはおらず、プレイングマネジャーすらいないような状況であり、いるのは、管理の役割も担っているプレイヤー、すなわち「マネージングプレイヤー」だと述べています（本間浩輔、中原淳『会社の中はジレンマだらけ』光文社新書、二〇一六年）。

いずれにせよ、自分のチームの部下を管理するだけでなく、自身もプレイヤーとして多くの仕事を抱えるというのは大変難しいことで、マネジャーは部下の仕事ぶりにしっかり目配りできなくなります。組織のフラット化によってスパン・オブ・コントロールを超える人数の部下を抱えている場合はなおさらです。

そうすると、部下は、たとえばメールの処理といった取り組みやすい仕事に時間を割くようになり、本来やるべき仕事を後回しにします。そして、定時を過ぎても居残って、結局、残業代も稼いで帰るという働き方になりがちです。

昔であれば、部下は上司に「今日は残業してもいいですか」とおうかがいを立てなくてはならず、上司が「それは認められない」と突っぱねることもありました。しかし、プレイングマネジャーは部下の仕事の進捗を確認する余裕がないわけですから、部下が本当に残業する必要があるのかどうかも把握しづらくなります。つまり、非効率に働く社員の方が得をするような状況が生まれてしまい、成果主義が形骸化するのです。

このような状況は、組織風土にも悪影響をもたらします。会社が建前としては成果主義を貫くといいつつ、実際には成果をあげていない人が高い報酬を得ていれば、社員は成果を出そうとしなくなるからです。企業は人事制度の設計や運用には多くのリソースをかけており、それは自社の哲学を反映させ、人事部門の存在価値をかけたものであるはずです。にもかかわらず、つくり上げた制度が社員のモチベーションとモラルを低下させるようなものになっているとしたら、皮肉なことだと言わざるをえません。

成果ではなく貢献で評価していませんか？

マネジャーのプレイングマネジャー化にはもう一つ問題があります。プレイングマネジャーは自身も目標を達成しなくてはならないため、ややもすれば部下の能力やパフォーマンスより、部下の自分に対する貢献の度合いを見て評価することになりやすいのです。

これは外資系企業に勤める知人から聞いた話で、必ずしもプレイングマネジャーのことではないのですが、外資ではマネジャーが部下に対して「私のスケジュールをよく理解しろ」「私がどんな仕事を抱えているかをよく考えろ」などと言い、「私に尽くせ」と命じて、自分の成果が会社に認められて新たなポストを得たら、論功行賞としてその部下を一緒に連れていくことがあるそうです。

マネジャーにしてみれば、新たな挑戦的なポジションで短期間のうちに成果を出すために、なるべく使いやすい部下を連れていきたいという誘惑にかられるのでしょうし、その気持ちはわからないでもありません。ヘッドハンティングされた経営者が腹心の部下を連れていくとか、スポーツチームの監督がヘッドコーチやトレーナーとともに新チームにやってくるといったケースも根っこは一緒です。

しかし、評価制度は企業が永続的に勝つためのものであり、マネジャーが自分に対する貢献度合いで部下を評価していたのでは、本来の目的から離れたものになってしまいます。

日本企業には、そこまで露骨な論功行賞をするマネジャーは少ないと思いますが、プレイングマネジャーの中には、部下と持ちつ持たれつの関係になってしまっている人もいます。そのような場合、果たして部下を適正に評価できるのかどうか、はなはだあやしいと私はにらんでいます。

そもそも部下の「成果」とは何か、理解していますか？

日本企業の成果主義では、本当に「成果」を評価しているのかという疑問も拭えません。どういうことかというと、企業側は、社員の「アウトカム（成果）」で評価すると言いつつ、実際には時間などの「インプット」で評価する傾向が強いのです。

米国企業の多くでは、ポジションに応じて「ジョブ・ディスクリプション（職務記述書）」という文書がつくられ、具体的な職務内容、職務の目標・目的、責任や権限の範囲、そのポジションが有する社内外の関係先、必要とされる知識や技術、資格、経験、学歴などが克明に記されます。これにより、そのポジションに就く社員が遂行すべき仕事や出すべきアウトカムがはっきりしますし、社員の評価もやりやすくなります。

そのため、米国企業では「椅子に対してお金を支払う」という言い方もするそうです。椅子とは「役割」のこと。つまり社員は、ジョブ・ディスクリプションに書かれた自分の役割を果たしてアウトカムを出すことに専念し、それによる自社への貢献度を企業は見て評価するのです。

ヨーロッパに目を転じると、たとえばドイツでは、企業はすべての従業員と個別に雇用契約を結び、書面化することが法律で義務づけられています。雇用契約書には、給与の額、労働時間、休暇日数、業績の査定の仕方など、従業員の権利と義務が明記され、原案を企業から示された従業員は、企業と交渉して契約内容を決定します。

そのためやはり、働く人それぞれが受け持つ仕事の内容や出すべき成果はあらかじめ決まっています（熊谷徹『ドイツ人はなぜ、1年に150日休んでも仕事が回るのか』青春新書インテリジェンス、二〇一五年）。

ちなみにドイツでは、商店の営業時間も「閉店法」という法律によって定められているそうです。現在はかなり緩和されているようですが、一九九〇年代初めまでは、月曜日から金曜日までは午前七時から午後六時半まで、土曜日は午後二時（毎月第一土曜日は午後六時）までと決まっており、平日の夕方、お客が六時二九分に店に入ろうとしても、目の前で店員がドアを閉めてカギをかける、といったこともあったそうです。つまり、店員が休む権利を守るために、顧客が買い物をする権利を制限しているのです（前掲書）。

さて、では、日本ではどうでしょうか。日本企業では、従業員全員が守らなくてはならない就業規則はあっても、個々のポジションの職務を定めるジョブ・ディスクリプションが作成されることはまずありませんし、企業が正社員一人ひとりと雇用契約を結ぶ、といったこともありません。したがって、それぞれの社員の仕事の範囲はあいまいで、成果もはっきりとは定義されていません。

第一章でも述べたように、そうすると、企業は社員のインプット、たとえば社員が仕事に投入した「時間」を買い取ることになります。つまり、成果主義に移行したといいつつ、時間に対して給料を支払うという昔の慣習から抜け切れないのです。だから、社員が八時間以内に仕事を終えてしまうと、その人は暇なのではないかと疑われてしまい、「支払った給料の分は働いてもらう必要があるから、あいつにもっと仕事を振れ」といった話になったりもします。それどころか、もともと仕事の範囲があいまいなわけですから、社長が「花見の場所取りをしてくれ」と言えば、社員は断ることができないということも起こりうるのです。

成果の定義があいまいだと、評価システムの根幹を成す目標管理制度（ＭＢＯ）も機能しづらくなります。この制度のもとでは、社員が自ら目標を設定し、その達成度合いに応じて上司による評価が行われることになっていますが、現状では、上司は部下の自己評価を単に修正する程度で、制度そのものがすっかり〝儀式〟と化しています。

日本企業のＭＢＯでは、平均点の社員、つまりＳ・Ａ・Ｂ・Ｃ・Ｄの五段階評価でいうと「Ｂ」の社員がやたらと多いというおかしなことも起きています。近年は各企業とも評価に差をつける「メリハリ評価」の実施をうたっていますけれども、現場のマネジャーは部下に

SやDはほとんどつけず、AやCも少なくて、全体の六割ぐらいをBが占めていたりするのです。

B評価はつける側も気が楽ですし、つけられる側も自分はマジョリティの中に入っていると思えて安心できますから、そんな現象が生じてしまうのかもしれません。

「あいつは頑張っている」は評価に値しますか？

その一方で、現行のMBOでは「あいつは頑張っているから、高い評価を与えておこう」といった印象評価もまかり通っています。この場合の「頑張り」もアウトカムではなく、インプットです。

それにしても、「頑張る」とは一体どういうことでしょうか。

私は個別指導で英語を習っており、先生はスティーブというイギリス出身の男性なのですが、あるときそのスティーブにこう尋ねられました。

「日本人はよく『頑張れ』と言うけど、あれはどういう意味ですか」

彼の説明によると、英語では、何かにチャレンジしている人に対して「Do your best（最善を尽くせ）」とか「Good luck（幸運を）」と言うことはあっても、「頑張れ」にぴったり当てはまる言葉は存在しないそうです。

この話をしていたとき、彼が例として挙げたのは、毎年夏に放送される『24時間テレビ 愛は地球を救う』のマラソンのコーナーのことで、「なぜみんなはランナーに『頑張れ』と言うんですか?」と首を傾げていました。

スティーブの言うことはなかなかもっともで、日本人は何かにつけて「頑張れ」「頑張る」「頑張ります」と言います。頑張ることそれ自体が美徳のように考えられており、不器用な人が非効率なやり方で仕事をしていても、一生懸命に頑張っているように見えれば、ほめられたりします。逆に、成果をちゃんと出していても頑張っていない態度を見せてしまうと、「生意気だ」などと非難されることさえあります。日本人の頭の中では、頑張ることは誰にでもできるのだから、成果はともかくとして頑張りなさい、というような一種の思考停止が起きているようにも思われます。

努力は必ず報われると思いますか?

「頑張れば必ず報われる」という考え方も、日本人の間には非常に根強いようです。

二〇一四年に、ちょっとした論争が起きました。明石家さんまさんのラジオ番組に、あるアイドルグループのメンバーが出演し、「名言」を紹介するコーナーで「努力は必ず報われる」という言葉について語ったところ、さんまさんは「それは早くやめた方がええね、この考え方は。努力は報われると思う人はダメですね。努力を努力だと思っている人はだいたい間違い」と持論を述べたのです。

番組中にさんまさんはさらにこう続けました。

「好きだからやってるだけよ、で終わっといた方がええね。これが報われるんだと思うとよくない。こんだけ努力してるのになんでってなると腹が立つやろ。人は見返りを求めるとろくなことがないからね。見返りなしでできる人が一番素敵な人やね」

このさんまさんの発言は、ネット上で話題となり、大半の人たちからはかなり好意的に受け止められたようです。私もさすがだなと感じましたし、「努力」という言葉を「頑張る」と置き換えても同じことが言えるだろうと思いました。

つまり、頑張れば必ず報われると思っている人は、見返りを得られているうちは頑張るけれども、見返りが得られないとわかると頑張らなくなる。さんまさんが鋭く突いているのはそういう「見返り主義」の弊害ではないかと思います。

しかし実際には、頑張れば報われる、あるいは頑張った人は報われるべきだと考えている人は本当にたくさんいて、企業の人事担当者の中でも「あの人は今期、とても頑張ったから評価を高くしましょう」などと口にする人の方が多いぐらいです。そうした考え方が成果主義の不徹底につながっていることに、人事担当者自身が気づいていないのです。

日本にはかつて、頑張れば頑張るほどよいものがつくれ、それが多く売れ、企業の業績も伸びた時代がありました。その時代には、「頑張り」というインプットで社員を評価するのも、あながち間違っていなかったかもしれません。

けれども、今は違います。社員をビジネスへの貢献度で評価しなければ、真の意味の成果主義にならず、成果主義が徹底されなければ、働き方改革が進むどころか、かえってフリーライダーを増やすことにもなりかねません。なぜなら、頑張っても報われないと気づいた人は、MBOをうまく使いながら、自分にとって有利なポジションを手に入れようとするからです。

そして、そのような行為は組織内に伝染していきます。期待されたミッションを達成することではなく、制度をうまく使うことを考える社員が出てくると、「ああいう働き方が許されるのなら、私もやろう」と感じる社員が増えていくからです。

未読メールがなくなると達成感をおぼえますか？

私は、日本人の「頑張る」文化は達成感を得たいという欲求に由来しているのではないかと見ています。

たとえば、企業のサポート部門には今でも、机の上に伝票を山のように積んで片っ端から手作業で処理するような仕事をやっている人がいます。直接的な価値を生まない、近い将来には必ずなくなるような仕事ですが、やっている人に話を聞いてみると、「やり終えたときの達成感がたまらない」そうです。

営業担当者の中にも、顧客の無理な要求に対しても、とにかく応じようと頑張るタイプの人は少なくありません。そういう人は、理不尽な要求にもきちんと応じられたときに、たとえそれが自分の評価につながらなくても、メラメラと燃えるような強い達成感をおぼえるそうです。

達成感というのは、一度その快楽を味わってしまうと忘れられないものらしく、自分の価値や評価とは関係なく、求め続けてしまうようなのです。

また、達成感はおもてなしの精神とも関係がありそうです。

典型的なのが百貨店のサービスで、美しく丁寧な包装にこだわるおもてなしの精神は、現場の店員さんがそこに達成感を見いだすことで発露しているようにも見えます。あのような過剰包装はもはや時代錯誤でしかなく、現下の百貨店業界の業績に鑑みれば、顧客拡大にも売り上げ増にもつながっていないことは明らかです。なのに、やめられない、やめようともしない。それは、本当の成果とは何なのかを企業として定義していないからでもあるでしょう。

行き過ぎたおもてなし精神は、職種や業種を問わず、多くの日本企業に蔓延しています。近年、私が特に気になっているのは電子メールのやりとりです。日本企業では、あいさつ文つきの丁寧なメールが一つの美徳とされていて、社員はそういったメールを日々せっせと書いています。

ただ、そういうおもてなし精神に満ちたメールの作成に多くの時間を費やすことが、果たしてどのくらい個人や組織のパフォーマンスに寄与しているのかという点は看過されています。にもかかわらず、こうした仕事が優先されてしまうのは、メールをたくさん処理して受信ボックスが空になると、「仕事をやったぞ」という達成感が得られるからでしょう。

日本企業では、社員同士でさえ、部下が上司に「承認してください」とメールを送り、上司が「承認します」と返信すると、それに対してまた部下が「ありがとうございます」とお礼のメールを送るというムダとしか思えないようなやりとりもなされています。これは組織の労働生産性の向上という観点からも見直していくべき慣行だと私は思います。

現に、私が知る多くの米国や中国のビジネスパーソンは、メールを受信しても、返信する理由やメリットがないと判断したら平気で無視します。「このメールの意味を教えてください」などと問い合わせてきたりもしません。

そういう割り切った行動がとれる人は日本人にもいないわけではなくて、たとえばこんな例があります。

二〇〇六年にNHKのドキュメンタリー番組『プロフェッショナル　仕事の流儀』で星野リゾートの星野佳路社長が取り上げられたときのこと。スタジオで司会者が星野さんのパソコンを見せてもらったところ、未読メールが実に六七四〇件もあったのです。

星野社長は自分の時間をとても大切にしており、メールが届いても、開くかどうかは件名を見てから決めるそうです。もっともインタビューでは「最近はそれも社員にバレてきまして、『社長、大変なことが起きました』とかってタイトルにあるから見てみると、『明日何時に会議ですから忘れないようにお願いします』って書いてあったりする」と笑っていましたが、六〇〇〇件以上が未読とは、さすがに徹底しています。

私たちが見習うべきは、無制限のおもてなし精神の発揮ではなく、そういったムダをできるだけ排除した働き方だろうと、番組を見ていて私はつくづく思いました。

赤信号は渡ってはいけませんか？

話を戻しましょう。

働き方改革の進展を阻むのは、成果主義の不徹底だけではありません。「社員の自律」という問題にも目を向けるべきでしょう。

これも英語講師のスティーブと話していて学んだことなのですが、あるとき彼は「日本人はルールに従うことを重視するあまり、物事の本質を考えない傾向がある」と指摘しました。例として挙げたのは、「信号機のある交差点の渡り方を子どもにどう教えるか」ということで、私が「青で渡って赤で止まるという交通ルールを教える」と答えると、彼は「日本人らしい発想ですね」と言うのです。

念のためつけ加えておくと、スティーブは日本人女性と結婚して日本に長く暮らしています。だから、日本のカルチャーには相当詳しい人です。しかし、そんな彼だからこそ、「ルール通りに教える」だけでは不十分だと感じているようです。

彼は自分の子どもに「信号が青であっても、車が止まっているかどうか確認してから渡りなさい。赤信号でも、車が突っ込んでくるかもしれないから注意しないといけないよ」と教えているそうです。

この話は子育てに限らないなと、私は思いました。日本人は、ルールを守ることは得意だけれど、ルールの本質や背景、ルールに潜む「なぜ」は考えない。ルールに従順ではあるけれども、自律していない。これは、ビジネスパーソン全般についても言えることではないでしょうか。

自律していない人は、自分で物事を考えることや判断することを避けたがり、何か問題が起きたときも、自分はルールに従っただけだと主張して責任を取ろうとしなかったりします。そういうマインドは、働き方改革を進めていくうえでも障害になりかねないと私は考えています。

なぜなら、私たちがやろうとしている改革とは、基本的に「成果を出してさえいれば自由に働いてかまわない」というものだからです。これは、自律していない人にとっては非常に難しいことで、そういう人は、たとえば会社から「朝は何時に来てもいい」と言われても、困ってしまうでしょう。会社に対して「だいたいでいいので、標準的な出勤時間を決めてください」と言いだす人も出てきそうです。

今、多くの企業では残業を減らしていますが、これも多くは、「残業抑制」というルールを企業側がつくって推進しているからで、自律していない人は単にそのルールに従っているにすぎず、早く帰宅するために仕事のやり方を工夫するとか、空いた時間を有効に使うといった努力はしていないだろうと思います。

では、ビジネスパーソンにとって自律するとはどういうことなのでしょうか。働き方改革の文脈で考えれば、自分が最も成果をあげられる働き方を選ぶとか、今の自分に一番ふさわしい生活を送るために、給料が一時的に下がることに納得したうえで休日を増やすというように、「自分の価値観やキャリア哲学に基づいて、時間とお金を能動的にコントロールすること」だと思います。

自分のキャリアに責任を持てますか？

長期的な視点に立ち、自分のキャリアを自分で形成していくこと、すなわち「キャリア自律」についてもよく考える必要があります。

かつて私が入社して間もない頃、「キャリアというのは会社が決めるものだから」と先輩社員に言われました。

「だから、本間君、仕事に関して好き嫌いを言ってはいけないよ。会社が君のキャリアを考えて仕事を与えてくれるんだし、定年までしっかり勤め上げれば、あり余るほどの年金がもらえるんだから」

先輩はそう言って、不安に押しつぶされそうになっていた私を大いに励ましてくれたものです。

しかし、今は会社が社員のキャリアを考えてくれる時代ではなくなりました。

仮に今、企業に同じくらい優秀な理系人材が入社し、人事が両者の適性を見て、一人をAI関連、もう一人を総務に配属したとします。そうすると、数年後、二人の年収には大きな差がつく可能性があります。

AIの重要性が広く認識され、外部の労働市場も活性化している昨今では、企業は新人を採ってAIについて学ばせるよりも、その分野での育成が終わった人材をよそから引き抜いてくる方がいいと考えます。となると、AI関連の人材を抱える企業は、他社からの引き抜きに対する予防措置として、そういう人材の給料をアップする必要に迫られるのです。

もちろん、総務で働く社員にしてみれば、たまったものではありません。「配属という自分のあずかり知らないところで市場価値に差をつけられるなんてひどい」と会社に対して文句の一つもいいたくなることでしょう。

実際、伝統的な大企業においては、これとは逆、つまり市場価値が高い社員であるにもかかわらず、抑えられた給料で働いている人がいるといったケースも見られます。それでもその人が会社に残っているのは、給料以外にも他社に優る魅力があるからとも解釈できます。

しかし、グローバル化が進み、雇用の流動性が高まる中、市場価値の高い社員を抑えた給料で雇用し続ければ、やがては経営者の資質が問われることにもなるでしょう。現実はそれぐらい厳しくなっているのです。

このような状況において、企業はもはや社員一人ひとりのキャリアに責任など持てなくなったということを、ビジネスパーソンも覚悟しておくべきだとも思います。自分のキャリアは自分でつくらなくてはならず、そのキャリアに責任を持つのも自分自身でしかないのです。

ヤフーには、社員が自分で異動したい部署を申し出ることができる「ジョブチェン」や、全社員が基本的に三年で持ち場を変わる「三年任期制」という制度があります。いずれも社員のキャリア自律を促進するための取り組みです。

もっとも、そういう制度があっても、社員はどうしても今いる部署からなかなか離れたがらない傾向がありますが、実際にジョブチェンを利用した人は、必ずと言っていいほど、「異動してすごくよかった」と感想を述べます。それはおそらく、自分の市場価値が向上したことやキャリア自律ができつつあることを実感しているからでしょう。

チームワークは大切ですか?

職務定義を明確にして成果主義を徹底し、社員にも個としての自律を促すべきだというと、そんなことをしたら、組織の中がギスギスした雰囲気になるのではないかと心配する声も聞こえてきそうです。

その通りかもしれません。社員がそれぞれ自分の職務に専念し、隣の人が困っていても手伝わないし、自分の仕事が終われば、さっさと帰宅する——。組織内がそんな人たちばかりになってしまうと、チームワークが発揮しづらくなるのは事実だと思います。

しかし、実はもうそんなことを言っていられる状況ではなさそうです。

同志社大学政策学部（大学院総合政策科学研究科）の太田肇教授は、著書『なぜ日本企業は勝てなくなったのか』（新潮選書、二〇一七年）の中で、日本人がずっと誇ってきた「助け合う力」や「連帯する力」はすでに他国と比べて劣るようになっており、自慢のチームワークも通用しにくくなっていると述べています。

同書によると、日本人が得意としてきたのは、同じような知識や技術、価値観を備えた人たちによる「同質なチームワーク」でした。これはつまり「自分を殺して」とか「一丸となって」といった言葉に象徴されるチームワークです。

けれども、今、求められているのは、専門領域の異なる多様なメンバーが、一人ひとりの比較優位な能力と個性を発揮してチームの目標達成に貢献する「異質なチームワーク」です。画期的なイノベーションはこうしたチームワークから生まれる可能性が高いにもかかわらず、日本人はこれが苦手だというのです。

その理由を太田教授は「分化」という言葉を用いて説明します。分化とは、個人が組織や集団から制度的、物理的、認識的に分別されていることを意味し、日本人はこれができていない。言い換えれば、個人が組織や集団の中に溶け込み、埋没する「未分化」な状態になっているため、今の時代に求められている能力や意欲の発揮が妨げられている。これが同教授の見方です。

また、日本企業にはまだ終身雇用と年功制の慣行が残っています。同じ年齢層の社員同士が限られた役職を取り合うライバル関係にあるため、その気になれば他人を妨害することができ、表面的には和やかな雰囲気であっても、陰では社員同士が足を引っ張り合うことが起きやすいとも太田教授は述べています。

実際、日本人は欧米人に比べて、職場の仲間が困っていても助けないし、ノウハウや情報を仲間に教えない傾向があることもわかってきています。

同書でも引用されていますが、二〇〇一年に日本企業と欧米企業で働く従業員を対象に行われた調査では、「職場の仲間が仕事に行き詰まったり、困っていたりしたら助け合いますか」という問いに、日本企業の場合は「YES」が四八％と半数にも及ばず、「NO」が三一％もありました。これに対し、欧米企業では「YES」が七八％、「NO」は七％です。

この調査では「あなたは自身のノウハウ情報を仲間に進んで教えますか」とも尋ねており、日本企業では「YES」は五〇％、「NO」が二五％なのに対して、欧米企業では「YES」は実に八七％、「NO」は三％でした（佐久間賢『問題解決型リーダーシップ』講談社現代新書、二〇〇三年）。

こうした調査結果を見てみると、「日本人といえばチームワーク」というのはもはや幻想にすぎないのかもしれません。

期待すべきは自律している若者たち

そうした中、私が今、期待しているのは、若い人たちの意識の変化です。というのも、最近の若いビジネスパーソンの中には、組織に縛られるのをよしとしない人が多く、時間やお金の使い方も変わってきていて、その意味では、私たちのような旧世代よりも分化し、自律しているように映るからです。

特にシェアリングエコノミーの影響は大きいと思います。シェアハウスで仲間と暮らし、休日にはカーシェアのサービスを使って、みんなで買いたい物を買いに行き、帰ってくると、部屋で一緒にお酒を飲みながらゲームをして過ごす――そういった暮らし方をしている若者たちが増えているのです。

ヤフーにもそういう若手社員はおり、話を聞くと、「給料はもちろん高い方がいいけれども、それよりも、尊敬できる、いい仲間と一緒に働きたい」といった希望を抱いているようです。

そういう若手の中には仕事の面でも優秀な人がいて、今、勤めている会社にいても面白くないと感じたら、海外に行くかもしれないし、ベンチャーを興すかもしれないといったキャリア観を持っていたりもします。

したがって、彼ら彼女らは、その自律性において働き方改革の牽引役となるポテンシャルを秘めているといえますし、そういう人たちに働きやすいと感じてもらえる会社にすることが、今後、改革をさらに進めていくポイントになるだろうと私は考えています。

第四章
現場の人事力を磨く

働き方改革＝働かないキャンペーン？

二〇〇五年夏、日本のビジネス界では、当時、環境大臣だった小池百合子氏（現・東京都知事）の旗振りで「クールビズ」が始まりました。地球温暖化対策のため、夏場の衣服を軽装にし、オフィスの冷房時の室温を二八度にするこの取り組みは、スタート当初からわりとスムーズに受け入れられ、今やすっかり定着しています。

このクールビズがうまくいったのにはいくつかの要因があります。

日本人の環境問題に対する意識が高くなったこと、夏場のノーネクタイは男性ビジネスパーソンにとって恩恵であること、「涼しい」と「格好いい」という二つの意味を「クール」という一言で表したネーミングがわかりやすく、前向きなものであることなどが挙げられると思います。しかし、それだけではありません。

クールビズによって、企業はオフィスのエアコンの設定温度を高めにすることができるようになり、電気代が節約できます。しかも、このメリットは業種や業界を越えて共通しており、あらゆる企業が夏場にエアコンの稼働を抑えることでコストを大幅に削減できます。それにより、企業側に歓迎され、一気に普及したというのがクールビズの一側面です。

では、働き方改革はどうでしょうか。

私が考えるに、この改革はすべての企業が一斉に進められる性格のものではありません。ビジネスパーソンの働き方は、業種や業界、企業それぞれのビジネスモデルや組織風土によって異なるため、改革のあり方も各企業によって違っていて当然ですし、むしろ違っていなくてはなりません。

ただ一点、長時間労働の見直しだけは、どんな企業にとっても残業代の削減というメリットがあります。ある企業が残業を減らせば、ライバル企業も安心して残業を減らせるということもあるでしょう。そのため現在、多くの企業が進めている改革では、議論が残業抑制に集中しがちで、全体的に「働かないキャンペーン」になってしまっている感は否めません。

競争力そのものが低下する危険性がある

最近、「フラリーマン」という言葉を耳にしました。働き方改革が広がる中、仕事が早く終わってもまっすぐ家に帰らず、書店や家電量販店、ゲームセンターなどをフラフラと漂う人たち（主に男性）をそう呼ぶそうです。

本人たちはべつに不真面目なわけではなくて、「早く帰っても、妻の家事の邪魔になる」と考えていたりするようです。妻の方にも「家にいられても煩わしい」とか「早く帰宅されても困る」といった受け止め方があるようです。

もちろん、空いた時間をどのように使おうが本人の自由であり、フラリーマン人生は見方によってはなかなか楽しそうではあります。けれども、企業の働き方改革がフラリーマンの生みの親だとすると、果たしてそんなことでいいのだろうかという気もします。せっかく残業から解放されたのに、手に入れた時間を使って勉強もしない。ふだん会えない人に会ったりもしないし、家族と一緒に過ごしたりもしない。そんな状態が本当にその人に「幸せ」をもたらし、あるいはその人が勤めている会社が「企業として勝つ」ことにつながるのでしょうか。

日本企業は長らく、社員の長時間労働によって事業を成り立たせてきました。それはたしかによいことではありませんでしたが、残業を減らせば、その分、仕事につぎ込める時間が減るわけですから、何かほかの手を打たなければ、以前と同等のクオリティのモノやサービスをつくり出すのは困難になります。

国の制度やライバル企業ばかりを意識するような内向き思考に終始した結果、競争力が低下し、それまでライバルとは思わなかった企業に抜かれてしまうこともあるかもしれません。

多くの企業が一斉に残業だけを減らしていけば、この国の産業の競争力そのものが低下するおそれさえあります。しかも、いったん変えた働き方を元に戻すのは容易なことではありません。

となると、この先、おそらく二〇年ぐらいの間に、日本は、先進国に追いつこうと懸命なアジア諸国に経済力で追い抜かれるかもしれません。

過重労働が問題であることは言うまでもありませんし、もちろんヤフーにおいても残業を減らしています。

しかしながら、社員の健康に配慮するという意味で改革を行うのであれば、労働時間を管理するだけでなく、もう一歩踏み込んで、社員が良質な睡眠をとれたり、よいコンディションで仕事に臨めたりするようなサポートを会社として実施すべきではないかと私は考えています。

なぜなら、過労死や過労自殺は残業によって起きるのではなく、残業によって体やメンタルに不調が生じた結果、最悪の場合に起きるものです。だから元気な人は残業していいと言いたいのではなくて、残業を抑制するならばそれだけでなく、併せて社員の体やメンタルの状態を把握する努力もすべきだと言いたいのです。

生産性が低いのは社員のせいか？

企業側は残業を抑制するにあたって、しばしば「労働生産性の向上」をその理由に挙げます。しかし、先にも述べたように、私はこの考え方に対して強い違和感を抱いています。

日本の労働生産性が国際的に見ても低いことは、これまでに幾度となく指摘されてきました。二〇一七年に日本生産性本部がＯＥＣＤデータに基づいて発表した数値では、日本の時間当たり労働生産性は四六・〇ドル（四六九四円）で、ＯＥＣＤ加盟三五カ国中二〇位、一人当たり労働生産性は八一七七七ドル（八三四万円）で、同二一位であり、これは主要七カ国（Ｇ７）では最も低いレベルです。

また、同本部が二〇一八年四月に発表した産業別の労働生産性水準（二〇一五年時点）の国際比較調査では、日本のサービス業の労働生産性は米国の半分、ドイツの三分の二、英国やフランスの七割程度となっており、業種別に米国の生産性と比較すると、運輸・郵便は四七・七％、宿泊・飲食は三八・八％、卸売り・小売りは三一・五％という低さでした。

こうした数値を見れば、「もっと生産性を高めよう」「生産性を向上させなくてはダメだ」といった大合唱が国内にわき起こるのも無理からぬことだとは思います。

けれども、労働生産性の向上という問題は、働く個人の努力だけでは解決しません。社員の長時間労働は一つの要因にすぎず、そのほかにもＩＴ化の遅れ、新たな商品やサービスを生み出すイノベーションがなかなか起きないこと、高収益の事業が育っていないこと、過剰なまでのおもてなし精神や手厚すぎるサービスがコストを生んでいることなど、さまざまな要因が絡まり合って、結果的に生産性が低くなっているのであって、「社員がダラダラ働いているから生産性が低いのだ」と単純に決めつけるのはフェアではありません。

実際のところ、日本企業の労働生産性が低いのは、社員がムダな会議に出なくてはいけないとか、よけいな資料を作成しなくてはいけないとか、一度決定したはずのことが度々修正されるといったことにも起因しており、そうした状況をつくり出しているのは、主として経営者や幹部たちです。要するに、組織の内部にいろいろなムダがはびこっていることもあって生産性が低くなっているわけで、それらを早期に排除するのは、経営トップや幹部の責任です。

企業は「家族」ではない。「チーム」である。

このように考えていくと、働き方改革は企業にとってのチャンスであるということも、おぼろげながら見えてきます。安易に残業だけを抑制するのではなく、あるいは個人に労働生産性の向上という課題を押しつけるのでもなく、経営者、人事、マネジャークラス、社員、その一人ひとりが企業と仕事のあり方を見つめ直す、そのきっかけとなるのが働き方改革ではないかと私は思うのです。

そこでまず経営の視点からできることを考えてみたいと思います。ここでのキーワードは「個人と組織の健全な関係」です。

日本企業は長らく「家族」のような集団でした。所属している人たちの心理的結合が強く、かつ関係性が永続的で、少々仕事ができない社員がいても組織が守ってあげる。そんな家族主義的な雰囲気が多くの企業を覆っていました。

社員の側も、そういう組織のあり方に満足してきました。しかし、満足しすぎるあまり、ぬるま湯のような状態の組織に浸かる人が増えているようにも思います。給料や待遇についてては不満を言う一方で、外に出ていく勇気はなく、正規雇用や待遇など一度得た既得権を手放そうとしない人もいます。これでは、「企業が勝つため」の個人と組織の関係が健全だとはいえません。

したがって、働き方改革を真剣に進めていこうとするならば、企業はまず、「家族」ではなく、本当の意味での「チーム」になる必要があります。それぞれの企業がビジョンを掲げ、それに共感する人たちが集まって、自分の役割と成果に応じて給料を受け取る。プロスポーツのチームがそうであるように、個人が自らの意思で組織を離れることもあれば、組織の事情や判断によって人を入れ替えることもある。そんなチームになって、個人と組織が健全な関係性を結ぶのです。

近年、海外には、そのときどきの自社の状況に鑑みて必要な人材を雇うことを原則とし、教育は一切行わずに、教育にかかるコストを採用と報酬に配分する企業も出てきているようです。たとえば、米国で創業し、日本にも進出しているオンライン動画配信サービスのネットフリックスは、「卓越した人材だけで職場を構成する」という方針のもと、新卒採用は行わず、基本的に専門分野において職務経験を積んだ人を対象に採用活動をしています。

同社は、まだ会社の規模が小さかった頃にキャッシュフローが回らなくなり、最も有能な八〇人を残して、全社員の三割に及ぶ人材を解雇したことがありました。しかし、それによって業務に支障が生じるどころか、少数精鋭になったことで「誰かの不手際をフォローするための雑務が必要なくなった」（CEOのリード・ヘイスティングス）そうで、仕事の速度が上がり、質も高くなり、その後、急成長を遂げることができたというのです。

以来、ネットフリックスは「卓越した人材」だけを好待遇で雇用し、「仕事ができない人」

はもちろんのこと、「平均的な能力の人」の居場所もないといいます。会社が社員に求めるのは、とにもかくにも卓越したパフォーマンスです。たとえ努力をしていなくとも成果を出せているのであれば、それに基づく報酬が与えられ、逆に努力していても成果が出ない場合は、解雇される可能性もあります。会社のニーズにそぐわない人を解雇する際には、手厚い解雇手当を提示して、法的なトラブルが起きないように送り出すそうです。

かなり極端なやり方であることは間違いありませんが、「チームとしての企業」のあり方を示す好例だと言えるでしょう（ロバート・ブルース・ショー／上原裕美子訳『EXTREME TEAMS（エクストリーム・チームズ）』すばる舎、二〇一七年）。

メンバーシップ型からジョブ型へ

企業を家族からチームに変えるためには、たとえば雇用を「メンバーシップ型」から「ジョブ型」に移行させることも考えるべきでしょう。

この考えは、濱口桂一郎氏（独立行政法人労働政策研究・研修機構労働政策研究所長）が提唱したもので、同氏は、職務や労働時間や勤務地が契約で限定されていない日本型の雇用システムを、「共同体のメンバーになる」という意味で「メンバーシップ型」と呼び、職務も労働時間も勤務地も限定され、社員は文字通り「職（ジョブ）」に就く、日本以外の国々で一般的な雇用システムを「ジョブ型」と呼んで対比しています（余談ですが、この「メンバーシップ型」「ジョブ型」は、今や人事業界では説明不要の単語になりました。それくらい「個人と組織の関係」が変化しているということかもしれません）。

一九八〇年代まで、メンバーシップ型の雇用は日本企業の競争力の源泉として称賛されてきました。けれども九〇年代の不況以降、正社員の採用が減って、欧米のジョブ型社員よりも待遇の劣悪な非正規労働者が増大し、特に就職氷河期世代の人たちが非正規のまま中高年化しつつあります。

この問題の根本にあるのがメンバーシップ型の雇用であり、日本企業では既存の正社員は不況で仕事がなくなっても解雇されず、配転によって雇用が守られるため、企業が採用枠を減らすと、それまでなら学校を卒業すると同時に正社員になれたはずの若者たちが排除され、非正規に追いやられてしまう。そう濱口氏は分析しています。

メンバーシップ型雇用は諸外国に例を見ない特殊な慣行であり、新卒一括採用というシステムと結びつくことによって、大学生が卒業の一年以上前から就職活動（現実には「入社活動」）に励まなくてはならないという現象を生み出してもいます。

また、社員に長時間労働を強要するブラック企業の問題の根源にも、このメンバーシップ型雇用があると濱口氏は述べています。というのも、本来は長期雇用を保証するのと引き換えであるはずの無限定な働き方を、雇用を保証しないまま若者に押しつけるのがブラック企業であり、正社員の枠が縮小していく中において、メンバーシップ型を唯一絶対のモデルとして見る発想そのものが、ブラック企業を横行させる最大の要因だと言えるからです。

濱口氏は、不本意に非正規労働者にさせられてしまった人たちのためにも、ジョブ型の正社員を拡大すべきと提案しており、併せて、外部労働市場メカニズムをさらに張り巡らせていくことが不可欠だと説いています。

ジョブ型の正社員という働き方が確立すれば、非正規の人たちが救われるだけでなく、育児中の人たちも、メンバーシップ型の正社員か、それとも非正規労働者か、という二者択一を迫られることがなくなり、ワーク・ライフ・バランスのとれた安定的な働き方を選ぶことができるようになる、というのが同氏の見通しです。

私自身も、個人と組織が健全な関係性を取り結ぶための一つの方法として、メンバーシップ型からジョブ型への移行は有用であると思います。ただし、起業して、白紙の状態から人事制度をつくるならともかく、既存の企業がすでにある人事制度にジョブ型のエッセンスを加えるのはかなり難易度が高く、相当な副作用をともなうことも考えられます。

メンバーシップ型からジョブ型へ移行すれば、これまで日本企業が培ってきた家族主義に象徴される古きよき価値観は失われるかもしれませんし、組織の中は殺伐とした雰囲気になるかもしれません。

けれども、あえてそういう世界に足を踏み入れるのが真の働き方改革であり、実行するにあたって不可欠なのは、経営者の決断と覚悟です。働き方改革は人事戦略であり、経営戦略でもあるという認識を持ってもらう必要もあります。

なぜなら中途半端なやり方でジョブ型に移行すれば、メンバーシップ型でずっとやってきた社員は働き方を改めないまま、なんとか組織にしがみつこうとし、逆に意識の高い社員は会社の煮え切らない姿勢に見切りをつけてどんどん辞めていく、といった現象も生じかねません。

といっても私は、ジョブ型への移行を果断に行って「個人がバラバラに働くだけの組織にしてしまえ」と暴論を述べているわけではありません。先述したように企業は、社員が同じ目標に向かって協力し合いながら働くコミュニティであり、多様な人たちが仲間として、それぞれ自律しながら、個人の事情に合わせつつ貢献し合い、成果に応じて報酬を得るというのが理想の形です。

家族主義に流されずに、そういう温かみのあるコミュニティをつくることはけっして不可能ではないはずです。

生産性を上げるのは、トップが描く戦略次第

労働生産性に関していえば、経営者にとって何より重要なのは正しい戦略を描くことでしょう。そのうえで、経営資源を適切に配分できていれば、高収益な事業が育ち、生産性は自ずと上がるはずです。

そうやって、社員にどんな事業でどのように働いてもらうかを考え、決めるのが経営者の仕事であって、それが十分にできていないのに、社員に向かって「残業を減らせ」とか「午後八時には消灯しろ」などと指示するのは明らかに見当違いだと言わざるをえません。

自社の話で恐縮ですが、ヤフーという企業は営業利益率が高く、かつては五〇％を超えていた時期もありました。利益率五〇％という数字は、高収益な企業が多いＩＴ業界の中でもとりわけ高い方で、これは社員が効率よく働いたからといって達成できるものではありません。

では、なぜそのような企業になれたかというと、それは初代社長の井上氏が先見性と戦略眼に優れたきわめて有能な経営者だったからです。井上氏が世の中の動向から未来を予測し、正しい戦略を描いて、やるべきことを見極め、そこにリソースを適切に配分したからこそ、そのような高収益体質の組織ができ上がったのです。

結局大切なのは「事業立地」だった

経営者の描く戦略の本質について考える際には、神戸大学の三品和広教授（大学院経営学研究科）の研究も非常に参考になります。

三品教授は、著書『戦略不全の因果』（東洋経済新報社、二〇〇七年）で、金融・保険を除く全業種の上場企業一〇一三社の財務データを一九六〇年以降の四〇年間という長期スパンで調べ上げ、各社の利益成長を、最高益を更新していた期間の割合（最高益更新率）や、戦後前半期の利益水準に対する戦後後半期の利益水準の上がり具合（利益水準倍率）などの独自の指標で分析して、「戦略不全企業」と「優良企業」を判別しています。

そして、その結果わかったのは、企業の命運を分けるのは「事業立地」だったという驚きの事実です。つまり、企業の経営戦略の核心は「誰を相手に何を売るか」ということであり、事業デザインや戦術的意思決定や日々のマネジメントではないのです。

たとえば、百貨店業界は一九六〇年代に利益成長がありましたが、八〇年代以降は大きく成長することはなくなりました。それは大型スーパーマーケットが、特に地方の国道沿いなどに次々に出店することによって成長を遂げ、利益構成比の高い衣料品の領域でデパートに取って代わったからです。さらにいえば、スーパーも近年ではファーストリテイリング（ユニクロ）に代表されるSPA（製造小売り）に抜かれています。

このように業界にはそれぞれ旬の時期があって、業界内の競争よりも、そもそもの事業立地の方が圧倒的に重要だというのが三品理論であり、同教授は、企業が長期的に発展するために立地を選ぶのは経営者の仕事だと述べています。

また、立地には寿命があって、簡単に変えられないものではあるにせよ、寿命が尽きる前に「転地」することも、企業を永続的に繁栄させるためには必要なことだと三品教授は説きます。

例としては、カルタや花札の製造から始まり、一九七〇年代に光線銃を発売して、その後、電子ゲームの会社になった任天堂や、二輪車メーカーとして創業し、一九六〇年代に社運を賭けて自動車分野に進出して、後発ながら技術力によって大きく成長した本田技研工業（ホンダ）が挙げられますし、現在、自動車で国内最強の座を確保しているトヨタにしても、元をたどれば自動織機をつくる企業だったわけです。

転地はきわめて重い決断であり、長い期間もかかり、失敗に終わることも少なくないため、これも経営者にしかできない仕事と言えます。ということはやはり、経営者の最も重要な役割は〝肥沃な大地〟に旗を掲げるように高収益な事業をつくっていくことであって、「労働生産性を向上させろ」と社員を叱咤するのは筋違いなのです。

経営者が人事に関心を持つべき理由

私は、世の中の企業経営者がもっと人事に興味を持つことも大事ではないかとも考えています。

経営者の中では、長く社長のポストに就く運命にある人、つまりベンチャーで起業したような人が人事に強い興味を示す傾向にあります。それはおそらく、企業が長期にわたって成長していくためには何より人材が大切だと身にしみてわかっているからで、そういう社長がいる企業は採用にもお金をかけますし、トップが自ら人事制度を学んでいたりもします。

たとえば、リクルートの創業者、江副浩正氏（故人）は、企業経営においては人事をきわめて大切にし、「人を採れ、優秀な人材を採れ、事業は後からついてくる」と言って採用担当者の尻を叩いていたといいます。

リクルートには「全員がリクルーター」という創業以来の遺伝子が働いており、江副氏自身、他社や銀行からの来客があっても、採用面接の予定が急きょ入ったら、面接を優先していたそうです。

一九八八年、社員数三〇〇〇人の規模だった同社は、大卒男女一〇〇〇人を採用するという大作戦を展開しましたが、そのときは、採用専任職一四〇人の態勢で臨み、採用コストは一人当たり八三〇万円だったそうです。理系の学生に見せるために、当時、世界最高速だったスーパーコンピュータを広告塔として一〇億円で購入したというのも有名な話です（藤原和博『リクルートという奇跡』文春文庫）。

そのほかの企業では、ファーストリテイリング、ソフトバンク、日本電産、サイバーエージェント、カヤックなどが、採用をはじめ人事に力を入れていますが、いずれもベンチャーから大きくなり、トップが長期にわたって経営にかかわり、かつこれからもかかわり続けると思われる企業です。

これに対し、歴史と伝統のある大企業で社長の座まで上り詰めたようなサラリーマン経営者は、あまり人事に関心を持たない傾向があるようです。足元の利益ばかりに関心があるのか、採用や制度に関しては人事担当役員に任せきりにしてしまうことが多く、働き方改革についても、「世の中の流れだからやる」「人事がやった方がいいと言うからやる」という程度の認識だったりします。

けれども、繰り返しになりますが、現代はもはや人事戦略が経営戦略になりつつある時代です。つまり働き方改革の最大の当事者は経営者なのですから、まずは社員の声を聞くところからでもいいので、人事に興味を持っていただきたいものです。

特に社員の世代間ギャップに気づくことは重要でしょう。最近の若手社員の働くことに関する考え方は多様化しており、高い意欲を持って働いている人もいれば、賢く働いて組織内をうまく立ち回ろうとしている人もいますし、まあまあの成果が出るように働きつつ、こっそり好条件の転職先を探している人もいます。社員全員が会社に忠誠を尽くし、社長の号令に従って働いていた時代ではないのですから、それぞれの社員がどんなマインドで働いているのかを知ってほしいと思います。

人事制度の抜本的改革を

続いて、企業の人事担当者に向けて述べます。

神戸大学の金井壽宏教授（大学院経営学研究科）が人事担当者向けの講演などでしばしば話されることですが、米国の企業では、

「Do you have a seat at the table where strategic issues are discussed ?（戦略の議論をするテーブルにあなたの席はありますか）」

という言い回しがよく使われるらしく、実際に現地の人事担当者にこの質問をぶつけると、

「Do you have a seat……」

と聞いたぐらいで、相手から「Yes !」という答えが返ってくるそうです。

また、ミシガン大学のデイビッド・ウルリッチは、人事部門の役割を①戦略やビジネスのパートナー、②変革のエージェント、③管理のエキスパート、④従業員のチャンピオンの四つに整理しており、日本企業の人事は①と②の役割をあまり果たせていないと金井教授は指摘します（八木洋介・金井壽宏『戦略人事のビジョン』光文社新書、二〇一二年）。

私自身は、戦略を議論する会議に人事が毎回同席すべきとまでは考えていません。また、人事担当者がそういう場に呼ばれること自体を目標にするのもいかがなものかと思っていま

す。

しかし、働き方改革について議論する場に呼ばれない人事や、改革の戦略的意義について語れない人事に存在価値はないということは断言できます。この改革の実行面で主役を担うのは人事です。改革の成否は、人事が経営トップの指揮のもと、どのような形で改革を推進していくかにかかっていますし、「企業として勝つため」の人事の力が試されます。

サイバーエージェントの取締役人事本部長、曽山哲人さんは、人事の役割は経営層と現場の間で「通訳」の役割を果たすことであり、制度をつくって運用する際にもこのことを意識していると述べておられます（曽山哲人、金井壽宏『クリエイティブ人事』光文社新書、二〇一四年）。

通訳とはまことに言い得て妙な表現です。私も、経営トップが描く戦略をよく理解し、それをわかりやすく現場に伝えたり、制度に反映させたりするのが人事の役割だと思っていますし、その意味でも、働き方改革における主役は人事でなくてはなりません。

何より人事には責任があります。前章でも述べたように、成果主義の不徹底や目標管理制度（MBO）の形骸化を放置してきたのは、ほかならぬ人事だからです。

人事の仕事に携わる人たちは、一貫性にこだわりすぎる面があります。過去二〇年、三〇年と続けてきた制度や、自分たちの先輩がつくり上げた制度は変えてはいけない、守らなければいけないと思い込むきらいがあり、制度を変更する動きがあると、「そんなことをやったら問題が起きる」といった悲観的な思考になりがちです。

けれども、働き方改革を進めていくうえでは、人事は今こそ、人事制度のリストラクチャリング（再構築）を図らなくてはなりません。既存の制度を手直しするような措置でごまかすのではなく、新しい会社を設立するぐらいのつもりで抜本的な制度変更を行い、この間、放っておいたツケを払うべきです。

人事に必要なのはデータとファクト

人事制度をつくり直し、働き方改革を成功させるためには、「人事企画」の機能を強化する必要もあります。

いつ頃ぐらいからのことなのか、企業経営において「プロフィットセンター」「コストセンター」という用語が使われるようになりました。企業内で利益を生み出す事業部などの部署はプロフィットセンター、人事や総務などのスタッフ部門はコストセンターと呼ばれ、「コストセンターはできるだけ小さくすべきだ」といった話をよく聞きます。

そうした議論そのものは間違っていないと私も思います。特に大企業ではスタッフ部門は放っておくと肥大化しやすいので、よくよく注意を払わなくてはなりません。ただ、いくらコストセンターだからといって、それを最低限の人員だけで管理することが本当に正しいやり方だろうかという疑問もぬぐえません。

とりわけ人事部門はバブル崩壊以降、どこの会社でも人員を減らされ続けており、そのことが採用力の低下や管理職の教育不足といったさまざまな弊害を引き起こしています。

人事企画機能の低下もそのうちの一つです。一般的に企業の人事部門は企画と運用から成り立っており、人事企画は制度づくりを担当していますが、多くの企業では「制度は滅多に改定することがないので、人事企画には一〇年に一人ぐらいのペースで人を配置して、ゆくゆくはその道の専門家に育てていけばいい」とか、「制度づくりはコンサルタントに頼めばいい」などと考えがちで、その結果、制度をゼロからつくる力が落ちているのです。

ヤフーでは、前社長の宮坂が「制度は永遠のベータ版である」という考え方を打ち出してきました。ベータ版とは試作品という意味であり、制度は常につくり変え、少しでもいいものに変え続けていくべきだというのが、この言葉の意味するところです。

しかし、機能が低下した人事企画の部署で、このような考え方に立って仕事をしている担当者はおそらくきわめて少数でしょう。多くの担当者は「制度は間違いが許されないものであり、だから念には念を入れてつくらなくてはならない」とか、あるいは逆に「制度はあまり細かくつくり込みすぎないで、運用でカバーするようにしよう」といった後ろ向きの発想になっているのだと思います。

制度をデータに基づいてつくるという発想も、今の人事企画にはあまり見られません。では、何を頼りにしているかというと、事例です。

横並び主義とも関係するのですが、人事の人たちは事例を集めたがります。他社が新しい制度や仕組みを導入すれば、視察やヒアリングに赴き、自社でも取り入れられないかどうか検討する。専門誌も隅々まで読み込み、企業人事の潮流を事例から読み解こうとする。それはそれで勉強熱心でいいことだと思いますが、その半面、どうしても頭でっかちな「評論家」になりやすいのです。

まして制度づくりの過程において、過去の事例やそこで自分が経験したことだけをベースに物事を考えるケース主義に立つと、「新しく○○の制度を導入すると、制度の趣旨に反した使い方をする人が出てくる。実際、過去にそういうことがあった」というふうな空疎な説明が増えることになります。

もし本当に不正が起きると考えるのであれば、本来は、データをもとに次のような議論をすべきでしょう。

「在宅勤務を導入すると、○%の社員が月に○回ぐらい利用すると想定される。そのうち○%の人は会社で働くよりも仕事の効率が下がる可能性があるが、通勤時間が○○時間、減少するので集中力が高まると考えられ、全社の課題である○○は改善される」

併せて、デメリットの改善策を示す必要があることも言うまでもありません。

経営者はさまざまな数字を見ながら、会社の行く先を決めています。営業部門も数値目標を設定して営業に勤しんでいます。それなのに、人事だけが数字を見ようとしない。これでは改革の先頭に立って、「企業として勝つため」の制度をつくることなど望めません。

さらにいえば、人事の世界では、業務の特性上からか、権威主義が幅を利かせています。数字に基づいて意思決定するのではなく、「○○社が採用している制度だから」とか「○○先生がよいと言っている制度だから」といった理由で物事が決められることもあり、そのことも変革を阻害する一因になっています。

ヤフーにおいては、「データによる経営判断」の反対語が「権威主義」であると、私は言っています。データによって権威主義と対決しようとしているのです。

人事こそ働き方改革を

私は人事担当者を一方的に批判したいわけではありません。人事に携わる人の多くは、真面目で会社と人が大好きな、いわゆる「いい人」であり、愛すべき仲間たちです。ヤフーの人事もそうで、彼ら彼女らの日々の仕事ぶりには本当に頭が下がります。

人事担当者は長時間労働もいといません。ただ、それはあまりよいことではなく、サービス残業を監督する人事部門が実は一番サービス残業の多い職場だった——といった笑えない話はあちこちの企業で耳にします。

だからこそ、まずは人事が働き方改革をしなくてはいけないと私は考えています。「仕事のやり方を変えましょう」「みんなが変わりましょう」と呼びかける側の人事がまったく変わっていなければ、説得力に欠けるというものです。

毎年一一月、企業では社員の年末調整の手続きをします。社員は扶養控除や保険料控除の申告書類を提出し、企業は社員の最終的な所得税の額を計算して、あらかじめ給料から差し引いて納めた源泉所得税との調整を図っています。

この作業をヤフーでは人事がやっているのですが、困ったことに以前は、期日通りに申告書を持ってくる社員は多くありませんでした。それどころか、締め切り日を過ぎてから「書き方を教えてください」と言ってくる人がたくさんおり、しかもその問いに対する答えの九割ぐらいは、配布済みのマニュアルにすでに書いてあるものでした。

にもかかわらず、こうしたことは毎年繰り返され、その時期になると、人事の担当者は昼食をとる時間さえ確保しづらくなっていました。社員の方は軽い気持ちで「お昼にご飯を食べに行くついでに人事に寄って、書類の書き方を教わろう」と考えるのでしょうが、そうすると、人事は昼の休憩時間をつぶしてでも社員の対応に追われることになるのです。

そのためヤフーの人事では二年前から、昼の一二時から一時まではそういう窓口業務を一切やめることにしました。

社員からは「こっちだって昼休みにしか行けないのだから、対応してもらわないと困る」といった不満の声も上がりましたが、私は現場の担当者の判断を尊重しました。これはヤフーの人事が始めた働き方改革の一つであり、ささやかな試みかもしれませんが、勇気のいることでした。改革の推進役としての意気込みと本気度を社内に示す、よいチャレンジだったとも思っています。

では、現在はどうなっているかというと、実は、昼の一二時から一時までの昼休みを含む全就業時間、窓口対応をしています。それは、人事の窓口スタッフが自ら知恵を絞ってマニユアルを見やすいものに変えたり、窓口業務のローテーションを工夫したりして改善を重ねた結果だと聞いています。これは、業務の目的を理解し、課題を組織全体を見渡しつつ改善し、なおかつ生産性を高める組織文化を醸成することの重要性を、私に教えてくれた出来事でした。

人事部門を置かなかったヒューレット・パッカード社

働き方改革を通じて企業を変えていくためには、人事部門が改革に本腰を入れるだけでなく、第二章で言及した「現場の人事力」、つまり部下を評価したり育成したりする上司の力を向上させることも必須です。

前出の金井教授が、ハーバード・ビジネススクール名誉教授、ジョン・P・コッターの研究などを引用しつつ、さまざまな著作で紹介されているエピソードですが、ヒューレット・パッカード（HP）の創業者の一人、デイブ・パッカードは「わが社に人事部はいらない。人事というのはすべての人の責任であるべきだ」と語っていたといいます。

実際、HPでは創業（一九三九年）から約二〇年間、人事部門をつくらず、人材の採用・配置・教育・評価、要するに「人事」と呼ばれる仕事はすべて、経営者と現場のマネジャーがやっていたそうです。

同社に人事部門ができたのは、社員数が一〇〇〇人を超えたタイミングで、そのぐらいの会社規模になってようやく、専門の部署が人事に携わった方がよいという考え方に変わったのです。

そのとき、もう一人の創業者ビル・ヒューレットは「人事部の仕事は経営の質を高めることだ」と注文をつけたといいます。

金井教授は、このＨＰの例に限らず、日本のベンチャー企業などにおいても、創業して間もない時期には人事部門は必要なく、だからこそ、経営者と現場のマネジャーが担う人事の仕事はより戦略性を帯びているはずだと述べています。なぜなら草創期の企業には伝統も過去の遺産もなく、人事施策を打っていくうえで踏襲すべき前例もないからです（前掲『戦略人事のビジョン』）。

逆にいえば、人事部門ができた時点で、その企業の人事はともすれば戦略性を見失いかねず、同時に現場の人事力も衰えてしまうというリスクをはらんでいるとも言えるでしょう。

現に日本企業の成果主義においては、人事部門が目標管理制度（ＭＢＯ）という形骸化したブラックボックスを維持し、部下を評価できない現場マネジャーがそれを運用するという困った状態が続いています。

では、そうした状態を改善し、現場の人事力を高めるためにはどうすべきなのか。答えははっきりしています。現場の人事力をちゃんと身につけている人を選んでマネジャーにすればいいのです。これを徹底すれば、現場の人事力は確実に向上します。

とはいえ、これは口で言うほど簡単なことではないかもしれません。企業でマネジャーに昇進するのはプレイヤーとして成果をあげた人である場合が多く、そういう人が現場の人事力を兼ね備えているかどうかは、マネジャーになってみないとわからないからです。

個人としてハイパフォーマーだった人がマネジャーになったものの、部下をよく見るとか、わかりやすくビジョンを掲げて自分たちが達成すべき目標を設定するとか、ときには部下に適切なフィードバックをするといったことがぜんぜんできない、といった例はさまざまな企業で散見されます。本来、そういう人はマネジャーになるべきではなく、ずっとプレイヤーとして活躍していればいいのですが、成果を出している以上、給料を上げないわけにはいかないという理由で無理にマネジャーに昇格させてしまうこともあるので、そういった事態につながるのです。

現場の人事力というのは、自分で身につけるのは結構難しく、あえて突き放した言い方をすれば、そういう力のある上司に育てられた経験のある人にしか獲得されにくいものです。ですから、この問題には人事部門にも責任があって、現場の人事力のない人には、マネジャーではなく、あくまでも一人のプレイヤーとして成果を出し続けてもらい、それに見合う報酬をちゃんと払うべきでしょう。

マネジャーを「渇かせる」には？

現場の人事力を高めるためには、マネジャー研修をもっと充実させればいいという考え方もあるでしょう。その場合に肝心なのは、「渇かせること」です。「馬を水辺につれていくことはできても、水を飲ませることはできない」という英語のことわざがあるように、本人に学びたいという気持ちになってもらわなければ、研修をしても効果は出ないのです。

ヤフーの1on1には、「1on1チェック」という仕組みが盛り込んであります。これは、部下の側に自分が受けた1on1を点数化してもらい、それを上司に評価として返すというものです。具体的には、「内省効果」「気づき」「キャリア自律」「目標達成・評価」という指標で部下が上司を採点し、1on1がうまく機能しているかどうかを可視化して、人事がそれを上司本人に伝えます。

この1on1チェックは、マネジャーの昇給や昇進を決める評価には用いていませんが、効果はてきめんでした。マネジャー対象の1on1研修でこの仕組みについて伝えると、当時、オフィスのあった東京ミッドタウンにテナントとして入っている書店でコーチングの本が飛ぶように売れたというのです。

たぶん、研修を受けたヤフーのマネジャーたちが、「点数をつけられる」と知って、自分でも勉強しようと考えて買いに行ったのでしょう。つまり、1on1チェックはマネジャーの評価に直結しない仕組みではあるものの、マネジャーたちを「渇かせること」につながったのです。

ミッションを知って、プレイングマネジャーに逃げない

次は企業のマネジャー層に向けて述べます。

私は、企業のマネジャーにはまず自分のミッションを定義するところから始めてほしいと考えています。それは、目標管理制度（MBO）でどのような目標を設定するかといった話ではなくて、自分がどんなことを期待されて今のポジションに就いているのかを理解すべきだということです。「ミッションを知る」とは「自分の役割を知る」ことであり、それがで

きたうえで、部下を上手に使いながら、組織として安定的に再現性高く成果を出すのが管理職の仕事です。

ところが、自分のミッションをわかっていないマネジャーは案外多いようです。ある企業では、経営者が執行役員（つまり、この場合はミドルマネジャーではなく、ジェネラルマネジャーになるわけですが）を呼んで、「私があなたにやってほしいと思っていることを三つ挙げるように」と命じたところ、執行役員が挙げた三つは、どれも経営者が期待することではなかった、という話を聞いたことがあります。ジェネラルマネジャーでさえ、自分のミッションを理解していないことがあるわけですから、ミドルマネジャーは推して知るべしでしょう。

ただ、それはべつにマネジャーだけが悪いわけではなくて、マネジャーに期待していることを伝えていないトップの方にも問題があります。あるいは、トップが言うことがいつもコロコロ変わるため、マネジャーが自分のミッションを整理し切れていないといったケースもあるでしょう。

いずれにせよ、マネジャーは自分のミッションをよく理解し、部下とともに成果を出さなくてはならないわけですが、そのためには部下一人ひとりの強みや、部下同士の関係性を考慮しつつ、それぞれに適切に仕事を割り振っていく必要もあります。

けれども、そこで立ちふさがるのが、すでに見てきた「プレイングマネジャー化」という壁です。マネジャーでありながらプレイヤーでもあるプレイングマネジャーは、チームの状態をうまく把握できず、そうすると、部下はそれぞれが勘と根性で仕事をするようになってしまい、その結果、安定的に再現性高く成果が出せない状況が生まれるのです。

もちろん、すべてのマネジャーが好き好んでプレイングマネジャーをやっているわけではないでしょう。組織がそうさせているだけで、できることならマネジャーの役割は外してもらって、プレイヤーに専念したいと感じている人も多いはずです。

その一方で、私は、「プレマネ状況」に逃げている人もいるのではないかという疑いも抱いています。マネジャーとしてやらなくてはいけない業務があるはずなのに、それを後回しにして、個別の案件に自分で首を突っ込み、それをやり遂げることで充実感や満足感を得ている人も少なくないのではないかと思うのです。

だとしたら、これは深刻な問題です。マネジャーが本来の意味での管理職の役割を果たしていないと、成果主義も徹底されませんし、働き方改革もうまくいきません。

また、そのようなマネジャーのもとでは、部下は高いモチベーションで働くことも難しくなります。どんなに成果を出していようが、上司は見てくれないし、結局は印象評価されてしまうという状態では、意欲を持って働いてアウトカムを出そうという気持ちになりづらいからです。

部下がアウトカムを出さなければ、その上司のマネジャーの評価も低くならざるをえませんから、損をするのはマネジャー本人です。ですから、私は世の中のプレイングマネジャーの方たちに、なんとか現状を脱却していただきたいと願っています。

マネジャーに求められる能力、勇気、胆力

プレイングマネジャーが管理職としてチームを率いていくのは容易ではありませんが、不可能でもありません。ただ、そのためにはいくつかの能力を必要とします。

一つは観察力です。部下たちがどのように動き、どのような成果をあげているか、チームの状態は好調かどうか、不調だとしたらその原因は何にあるのか、これらを見極めるのはマネジャーの役割であり、突き詰めればそれは、部下やチームをよく見ることにほかなりません。

併せてフィードバックの能力も欠かせません。ただし、それは半年に一度の評価のときに部下に対して「君の今期の評価はC」などと告げることではなく、部下の行動を常によく見

ていて、気づいたことがあれば、すぐに指摘することです。

私は、サッカーJリーグのガンバ大阪で長年コーチを務めた上野山信行さん（現・取締役）が少年サッカーチームの指導者を対象に実施しているコーチ研修のお手伝いをしています。前作『会社の中はジレンマだらけ』でも書いたことですが、上野山さんはその研修で、いいプレーをした選手を「その場でほめる」ことの大切さを教えています。

サッカーでは、試合中、味方のゴールキーパーにボールが渡ったら、攻撃陣のフォワードはすぐに前方に向かって動きだすという一つの定石があります。しかし、中にはそれができないフォワードもおり、そういう子に対してコーチは「キーパーにボールが渡ったら走れ！」と指導します。これはコーチなら誰でもできることです。

しかし、大切なのは、試合中に再び同じ状況がめぐってきたときで、キーパーがボールを取り、フォワードの子が前に向かって走りだしたら、コーチはその動きをちゃんと見ていなくてはなりません。というのも、コーチに教えられた通りに走った子は、その瞬間、ベンチにいるコーチの方を見て「これでいいの？」という表情をします。そのとき、コーチはその子とちゃんと目を合わせ、両腕で大きな丸をつくって、「いいぞ！　ＯＫ！」という合図を送らなくてはならないのです。

「その一回だけでいい。その子はずっとそれをおぼえていて、コーチが注意しなくても、同じ状況になったら必ず走る選手になる」と上野山さんは言います。

ところが、ダメなコーチは、怒鳴るときは怒鳴りますが、その後はそのことをすっかり忘れてしまいます。選手が自分の指導を守っているかどうかということにも関心を払いません。そして、一カ月後ぐらいに思い出して、また怒鳴る。言いっぱなし、怒りっぱなし。これでは選手はいつまでたっても上達しません。

これはビジネスでも同じです。たとえば、部下のプレゼンテーションのやり方を注意した上司は、直後に注意するだけでなく、次回のプレゼンのときもちゃんと見ていて、よくやれていたら、その場でOKサインを出す。そのようにして正しい行動を強化することが大切なのです。

フィードバックにはコツもあって、それは「相手にとっての鏡」になることです。マネジャーは部下の鏡となり、「あなたはこう見えているよ」と教えてあげればいいのです。「見えている」という言い方が大事で、「なんでできないんだ」とか「あんなことをやってどうするんだ」などと叱責することがフィードバックではありません。

とはいえ、先ほど、現場の人事力は、そういう力のある人に育てられた人にしか獲得されにくいと言ったように、観察力やフィードバックの能力も、部下時代にちゃんと上司に観察され、上司からよいフィードバックを受けた経験のある人にしか身につかないものです。また、三六〇度多面評価を導入した企業では、マネジャーは部下から評価される立場になるため、部下に厳しいフィードバックができないマネジャーが増えているという話もよく聞きます。

となると、これはマネジャーの能力の問題というよりも、企業の制度や風土の問題であり、そういうマネジャーを生み出す人事の責任も大きいのかもしれません。

収入が下がったとしても、幸福度をキープするために

最後に企業で働く社員の方々に向けて述べます。

まず改めて申し上げておきますが、働き方改革はけっして楽なものではありません。本書の冒頭で、ヤフーの週休三日制について知人が寄せてくれた「社員さんはこれから大変になりますね」というコメントを紹介しました。まさしくその通りなのです。

しかし、労働時間や頑張りで社員を評価するインプット重視から、成果で評価するアウトカム重視へという流れは不可逆的だと私は見ています。

そして、評価がインプット重視からアウトカム重視に変われば、私たちも自分の〝OS〟をそれに合わせて変える必要があります。特に厄介なのは、先にふれた「頑張ることは美徳」という、おそらく学校教育によってインストールされたOSですが、これもきっぱり捨てなくてはなりません。

なぜなら、自由な働き方を可能にする代わりに成果主義が徹底されるようになると、頑張ってもアウトカムが出せなければ評価されないからです。もっといえば、頑張ったことはほめられたけれども、アウトカムにつながらなかったので給料は下がった、ということもありえます。

それが「Show me the outcome」の世界です。

アウトカムにフォーカスして働くとなると、コンディションはいうまでもなく、モチベーションも自分でコントロールすることが求められます。先ほどは、部下のモチベーションを下げるプレイングマネジャーに言及しましたが、部下の方にも問題はあって、モチベーションはあくまでも自分事です。「上司がモチベーションを上げてくれない」などとぼやいたり甘えたりしているだけではダメなのです。

ただし、モチベーションをコントロールするといっても、達成感を求め過ぎると、見返り主義に陥りやすいので、そこは要注意です。大切なのは、効率よく働いてアウトカムを出すことです。

継続的に成果を出す働き方をするためには、フィードバックを受ける勇気も必要でしょう。上司からはもちろん、同僚からもフィードバックをたくさん受けるようにし、そのことに感謝する勇気も持ちたいものです。組織は人と人とが関与し合うことで成り立っており、その一員として周囲と協力して働くためには、自分が組織内でどのように機能しているのかを知っておくことが大事です。

人生一〇〇年時代についても、一人ひとりが自分の問題としてじっくり考えて、幸せに生きるための選択をするべきです。これから日本はますます未来を予測しづらい世の中になっていきます。そういう中で、一〇〇歳まで生きることになれば、やはりお金を貯めるよりは、長く働き続けるための足腰をつくっておいた方がいいでしょう。

そのためには、やはり学ぶことです。と言っても、未来を予測しづらい世の中になるわけですから、何をどう学べばいいのかも予測しづらいわけですけれども、自分の好きな領域を見定めておいて、その中で能力や知恵を少しずつ積み上げ、そのときどきの状況に対応しながら長いキャリアを生き抜いていく、というのが現実的な学びではないかと思います。

若い世代やミドルの人たちは、働き方改革で手に入れた時間を上手に使って「下山」の支度をしておくのもよいでしょう。

下山とは、前出の中原淳教授がよく使われる言葉で、企業に勤める人が一定の年齢に達して、役職がなくなり、給料も下がっていく中で、自分のキャリアを収束させていくことを意味します。人生一〇〇年時代においては、この下降プロセスがより長くなり、そこをどう乗り切るかが問われます。

山の下り方は人それぞれだと思いますが、たとえば、若い頃からネットワークを広げておき、役職定年になる前に転職して、給料はやや下がったとしても自分のビジネススキルを好きな領域で生かせるような働き方をするとか、それによって地域にも貢献する、といったことも一つの選択肢ではないかと思います。

このように、経営者、人事、マネジャー、そして社員一人ひとりが、企業のあり方と自身の働き方を見つめ直せば、日本企業は大きな変化を遂げることができ、それは働く人の幸せにもつながることでしょう。そこに私は一筋の光明を見ています。

終章――三〇年後、私たちはどう働くか

驚くべき「三〇年前」の通勤事情

この最終章では、三〇年後の未来における働き方や企業像を想像してみます。そのためにまず、今から三〇年前のことを思い返してみたいと思います。あの頃から現在に至るまでに変わったこと、変わらなかったことを拾い上げていけば、これから先、起きる変化について考えるうえでのヒントが得られるからです。

今から三〇年前、一九八八年の日本はバブル経済真っ盛りで、人々は未曽有の好景気に浮かれていました。

しかし、現代の若い人には信じられないでしょうが、あの頃のサラリーマンの通勤事情は今よりも過酷でした。というのも、首都圏の鉄道路線では冷房のない電車がまだたくさん走っていたからです。通勤電車の冷房化は一九七〇年前後から始まり、八五年の時点で国鉄（今のＪＲ）の冷房化率は八一％、大手私鉄は七七％まで上がってはいました。私が使っていた京浜急行は、まさに三〇年前の八八年に冷房化率一〇〇％を達成し、そのことを駅にポスターを貼り出して誇っていました。

最悪だったのは地下鉄で、八七年まで冷房化率は「〇％」でした。地下鉄は車両に冷房を入れると、排熱でトンネル内の温度が上がるという問題を抱えていたためです。電車や装置の技術革新でようやく冷房を入れられるようになったのが八八年で、その年の冷房化率は三五％でした。

私自身も記憶にありますが、冷房のない電車の車内は真夏には灼熱地獄と化します。混雑するラッシュ時は特につらく、スーツを着込み、ネクタイを締めたサラリーマンはその暑さにじっと耐え、隣の人の迷惑にならないように縦半分に折った新聞を読みながら、会社に通っていました。私の父などは、猛暑の時期のそういう環境でも汗をかかない体質に変化していたようです。人間の適応力とはすさまじいものだと思います。

技術が進歩する一方で、変わらない構造と発想

続いて会社内での働き方について考えてみましょう。

私が働き始めた一九九二年頃は、朝、会社に着いたら、所属部署の出勤簿にある自分の名前の横にハンコを押す企業が多かったように思います。出勤簿は、定時を過ぎると総務の社員が回収してしまうので、出社したままボンヤリしていてハンコを押し忘れると、遅刻扱いにされてしまうおそれもありました。

現在、ヤフーではコンピュータで社員の勤怠管理をしているだけでなく、ビルの入館パス

に残るデータからも社員の出退勤時刻が把握できるようになっています。つまり、勤怠管理だけをとっても、テクノロジーは格段に進歩したということになります。

なにしろ三〇年前は、インターネットの技術もパソコンやスマホといったツールもない時代でしたので、何かを調べようとする際にも、いちいち手間と時間がかかりました。たとえば「米国経済」といった一般的なテーマについて調べるときでも、会社の資料室まで行って各種の資料に当たらなくてはなりませんでしたし、難しいテーマについて調査するときは、専門書を買ったり、行政機関が作成する報告書などを取り寄せたりする必要もありました。

ちなみに私の前職（野村総研）で、最初に海外出張に行った同期が命じられたミッションは、モナコで開催される産業見本市に行って、出展企業がブースに置いているパンフレットやカタログを片っ端から持ち帰る、というものでした。そのために彼はヨーロッパに渡り、スーツケース二個分の資料をかき集めて帰国したのです。

今なら海外で発行されている資料でも、ネットやメールを使って迅速に入手することができますし、自動翻訳を使って日本語に訳すのも簡単となりましたから、そこも大きく変わった部分だと思います。

一方で、あまり変わっていないこともあります。

その一つは、大学生の就職先人気ランキングです。三〇年前も今も上位に入っているのは、文系なら銀行、損保、航空会社、総合商社、理系なら電機、自動車、ゼネコン、重工業といった業種の大手企業であり、若干の入れ替わりはありつつも、さほど大きくは変化していません。これは日本の産業構造も、日本人の「寄らば大樹の陰」という志向もあまり変化していないことを意味しているのかもしれません。

それから、私が働き始めたばかりの頃は、「これからは英語ができないと仕事にならないぞ」としばしば上司に言われたものですが、これについても今でも同じことが言われています。実際に英語を使う機会は今の方が増えており、英語が達者な人も増えたとはいえ、相変わらず日本のビジネスパーソンの大半は英語が苦手で、「もっと英語を勉強しなければ」と焦っているわけです。

ビジネスの観点から人々が中国に関心を持ち始めたのも三〇年前ぐらいからでした。

中国で改革開放が進んだことで、日本や欧米の企業が進出し始め、「これからの経済は中国を抜きにしては語れない」といった言説が巷にあふれていました。これも今とあまり変わりません。もっとも三〇年前の中国は、日本に安い労働力を提供してくれる相手でしたが、現在はモノやサービスを買ってくれたり、旅行に来てくれたりするお客さんですから、それぞれの立場は変わったとも言えますが。いずれにせよ、グローバル化（当時は「国際化」と言っていましたが）の波は三〇年前からすでに起きていたのだとわかります。

リニアで日本はこんなに狭くなる！

このように見ていくと、三〇年前から現在にかけて起きた大きな変化とは、テクノロジーの進歩やツールの発達などによって仕事をするうえでの快適さが増し、利便性が向上したことだと言えそうです。もちろん、通勤ラッシュの混雑などは今でもストレスのもとですが、それでも冷房がまったく不十分だった三〇年前に比べれば、はるかにマシにはなりました。

そして、この「より快適に」「より便利に」という流れは、これからの三〇年間でさらに加速していくに違いありません。

それはたとえば、時間当たりの移動距離が格段に長くなる、言い換えれば、日本が狭くなるといった形の変化として表れるのではないかと思われます。

第二章で私は、二〇二七年に開通予定のリニア中央新幹線について言及しました。実はヤフーでは「ヤフージャパン ビッグデータレポート」チームが、「リニア中央新幹線が開通した場合、日本はどれだけ狭くなるのか？」というテーマでシミュレーションを行っており、国土交通省やJRの発表データをもとに、品川からのリニアの各駅（建設候補地の主要最寄り駅）までの「到達所要時間マップ」を作成し、二〇一五年に公表しています。

それによると、リニアが開通すれば、橋本駅（神奈川県相模原市）までは六分（現状は一時間三分）、甲府駅（山梨県）までは一六分（同二時間三分）、飯田駅（長野県）までは二六分（同四時間一五分）、恵那駅（岐阜県）までは三一分（同二時間三八分）、名古屋駅までは四〇分（同一時間四四分）で到達できます。現状では品川から大阪駅までは二時間四七分かかりますが、リニアが名古屋まで開通すれば、大阪までの所要時間は一時間五一分に短縮されます。つまり、そのくらい日本は狭くなるのであり、快適、かつ便利な移動は仕事のやりやすさにもつながるはずです。

さらにリニア中央新幹線は二〇四五年には大阪まで延伸する予定とされており、今から三〇年後の二〇四八年にはすでに品川―大阪間が六七分で結ばれています。となると、その頃にはもはや関東と関西の違いもなくなり、大阪在住の東京勤務やその逆といった就労パターンや、地方に住んでリニアで都会に通うという通勤スタイルも当たり前になっている可能性があります。週休三日やテレワークも地方暮らしによりフィットする制度になっていることでしょう。

組織は戦略に従う

続いて女性の社会進出やダイバーシティについて、一九八八年前後に起きたことを踏まえつつ考えてみます。

一九八六年、職場における男女の差別を禁止し、募集や採用、昇給や退職などさまざまな面で男女を平等に扱うことを定めた男女雇用機会均等法が施行されました。これにより、女性の社会進出への道筋が開かれたわけですが、ただし、すぐにフルタイムで働く女性が増えたのではありません。大半の企業では、女性社員の多くは一般職で、今では死語になった「お茶くみとコピー取り」が彼女たちの仕事とされていました。女性社員が結婚を機に会社を辞める、いわゆる「寿退社」もよく見られました。

セクシュアルハラスメントが日本でも問題視されるようになったのも一九八〇年代後半からで、一九八九年には初めてのセクハラを理由とした民事訴訟も起きました。同年、新語・流行語大賞の新語部門金賞に選ばれた言葉も「セクハラ」でした。

もっとも当時のセクハラに関する男性の意識はとても低く、企業内で「水着姿の女性の写真が載ったカレンダーを机に置いてはいけません」とか、「女性社員のお尻を触ってはいけません」といった教育がされるほどレベルの低いものでした。

しかし、その間にも働く女性の数は確実に増えていき、内閣府の調査によると、生産年齢人口（一五〜六四歳）の女性の就業率は、均等法が施行された一九八六年は五三・一％だったのが、二〇一六年には六六・〇％と約一三ポイント上昇しました。子育て期の二五〜四四歳の女性の就業率も、一九八六年の五七・一％から二〇一六年の七二・七％と、一五・六ポイント上昇しています。

ただ、これからの三〇年で女性の活躍がさらに進行するのかというと、それは各企業の戦略や打ち手によるだろうというのが現時点での私の見方です。競争に勝っていくために女性を増やしたいと考える企業では、社員に成果を求める代わりに自由で多様な働き方を認めるようになり、その結果として活躍する女性がさらに増えていくでしょう。

同じことは外国人の雇用についても言えます。外国人を雇った方が勝つ可能性が上がると考える企業は外国人社員を積極的に採用し、結果としてダイバーシティが進行するでしょう。

逆にいえば、気合いと根性と団結を重んじるような企業や、男性中心で体育会系的で「頭で考えずに右向け右」といった社風の企業も、そのような組織の特徴を武器に競争に勝ち続けることができれば、存在し続けるでしょう。これはよし悪しの問題ではなくて、そもそも組織というものは戦略に従うものなのです。

とはいえ、三〇年後には、社員を男性か女性かとか、日本人か外国人かといった属性で区別するようなことは、もうなくなっているかもしれません。現代の若者に「昔は地下鉄に冷房は入っていなかったんだよ」と言えば驚くように、三〇年後の若者に「昔は女性の活躍を推進するとか言う内閣があったんだよ」と言えば、「何ですか、それ?」と返される時代になっているかもしれないのです。

所得格差時代の学びは「ズル賢さ」も重要

さて、ここまで三〇年後の日本社会について想像を交えつつ述べてきましたが、やがて迎える将来においては、もう一つ見落としてはいけない変化が起きると私は考えています。

それは、働く人の所得格差が広がるということです。

働き方改革が私の考えているような形で進めば、人々は個人契約に近い形で企業に属するようになります。雇用条件はその人の労働市場における価値によって決まり、報酬は成果に応じて支払われます。そうすると所得に差が出てくるのは、ある程度仕方のないことで、私たちは自由で多様な働き方を享受する代わりに、そういう厳しい現実も受け入れなくてはなりません。

現在でも変化の兆候はすでに現れており、近年、企業は中途採用を積極的に行うようになりました。三〇年前は、転職する人は「組織にうまくなじむことのできない人」として扱われることもあり、複数回、転職しようものなら「社会不適合者」のレッテルさえ貼られかねませんでしたが、今はそんなことはありません。専門的な技能を磨きながらさまざまな企業を渡り歩く人はプロフェッショナル人材と呼ばれ、労働市場において引く手あまたです。こうしたトレンドは今後強まることはあっても弱まることはなく、人材獲得競争が熾烈さを増すことによって、所得格差も広がっていくでしょう。

また、三〇年後には、起業して成功する人も今より増えている可能性があります。二〇一八年五月、中国最大のＥコマース企業、アリババの創業者であるジャック・マー会長が来日して早稲田大学で講演し、「秀才は就職すべき。でも僕のような勉強ができないクズは自分で起業するしかない」とやや過激な言葉で語りました。同会長の言うように、今後、会社勤めに向かないと思った人が起業する例が増えれば、もちろん成功確率が高いとはいえませんが、高収入を得る人が出てきます。その結果、所得格差がより広がる可能性もあるわけです。

ただ、格差が広がることを覚悟しておけば、それ以外のことはあまり心配する必要はないともいえます。腹をくくり、学びを怠らなければ、そういう世の中に順応することはさほど難しいことではないとも思います。

では、その場合の「学び」とはどういうものなのか。

私が考えるに、それは「将来に備えて知識やスキルを身につける」学びではなく、「今、必要な知識やスキルを一気に身につける」学びです。

先行きが見えない中、しかも多忙な日々を送っているにもかかわらず、漠然と「将来はこれが必要かな」と思って何かを学び始めても、身につかないことが多く、たとえ身についたとしても実際に役に立つとは限りません。したがって、そのような学びは、私は社会人にふさわしいとは思いません。

働く大人にとって大切なのは「今」であり、求められるのは、その場その場の状況に応じて新たな知識やスキルを全力で学び切る瞬発力です。たとえば、部下を持つようになって、コーチングの技術が必要だなと感じたら、関連の書籍を三〜五冊くらい手に入れて徹底的に読み込み、それからコーチングに詳しい複数の人をつかまえて話をじっくり聞く。あるいは、そういうふうに話が聞ける人たちの人脈を維持する。社会人の学びはテストでよい点数を取ることではないのですから、効率とスピードが要求されますし、誰に何を聞いてもいいという意味では、カンニングもありです。むしろ、そういう「ズル賢い学び」こそが、順応力を培うことになるといってもいいでしょう。

情報に振り回されすぎるのもいかがなものかと思います。昨今はＡＩに関する議論が盛んで、近い将来、進歩したＡＩに取って代わられる職業は何かといった話がしばしばメディアで取り上げられます。銀行の融資担当者、レストランの案内係やスーパーのレジ係、クレジットカードの審査員、簿記・会計の事務員、そのほかたくさんの仕事がなくなると不安を煽るような記事もよく目にします。

しかし、だからといって、多くの人々が働く機会を失うかというと、それはちょっと違うのではないかと私は考えています。消えていく職業について語られる際、しばしば例として挙げられるのは、かつて女性の花形職業だった和文タイピストです。和文タイピストは、ワープロの登場と普及によって誰もが簡単に文書を作成できるようになるとなくなってしまった仕事であると説明されます。しかし、その元タイピストの人たちも、何か違う仕事を見つけてたくましく生きたに違いないと私は思うのです。とりわけ、これからどんどん人口が減っていく日本では、人手が足りないことはあっても、仕事が足りないという状況は生じにくいでしょう。

お金に踊らされずに幸せに生きるために

所得にどうしても格差が生まれてしまう社会においては、お金に踊らされない生き方をすることも大事ではないかと私は考えています。

第一章で、「幸福学」を提唱する前野隆司教授の著書を引用して述べたように、幸せには長続きしない幸せと長続きする幸せがあって、金、モノ、地位など他人と比べられる「地位財」による幸せは長続きしません。

この指摘について考える際、私が思い出すのは、今からずっと前、一九九六年にニュージーランドを訪れたときのことです。ニュージーランドで私は南島の湖畔に面したクイーンズタウンという避暑地に数日間滞在しました。そこのバーで私と同じ二六歳のニュージーランド人男性と知り合って、毎晩のように一緒にビールを飲みながら話をしていました。

その彼に、あるとき私は「外国に行きたいと思わないの?」と尋ねました。自分が日本からニュージーランドにやってきたように、彼も外国に行きたがっているのではないかと思ったのです。

ところが、彼は「僕はクイーンズタウンの町から出たことがないけど、出たいとも思わない」と言って首を振りました。「この町には素晴らしい景色があって、いい仲間がいて、仕事もある。ここから出なくても十分に幸せだ」

この言葉を聞いたとき、正直に打ち明けると、私は少し残念な気持ちになったのをおぼえています。たしかにクイーンズタウンはびっくりするくらいきれいな町で、食べ物もおいしく、ずっと住んでいたくなるような場所です。けれども、その小さな町から一歩も外へ出たことがなく、これからも出たくないというのであれば、「井の中の蛙」そのものじゃないかと感じたのです。

しかし、五〇歳になるのを間近に控えた今、ふと彼の言葉が脳裏をよぎります。

仕事や生活に関する考え方は人それぞれです。にもかかわらず、人は自分を他人と比較したり、お金を持っているかどうかで人生の価値や幸せのレベルを測ろうとします。けれども大切なのは、自分と向き合い、自分の価値観を明らかにして、自分に正直に生きていくことなのではないでしょうか。そして、自分と向き合うためには、過去の仕事やライフイベントにおいてどのような選択をし、そのことを今どう知覚しているかをきちんと振り返ることが大事になると思います。

第三章で私は、お金をあまり使わず、シェアリングエコノミーをうまく活用している若者たちについて話しました。今後は、彼ら彼女らのような世代が社会の中心層を占めるようになり、シェアを基本とする消費行動はその後の世代にも受け継がれているでしょう。だとすれば、三〇年後にはシェアリングエコノミーはさらに大きく広がり、多様な展開を見せている可能性があります。そのおかげで、私たちは、よりお金を使わずに今よりもっと快適で便利な生活を送っているかもしれません。

副業も三〇年後にはより一般的になっていることでしょう。それも、副収入を得るためというよりは、自分の好きな領域で自分のスキルを役立てて生活の質を高めるものになっていれば、理想的だと思います。

たとえば、ビジネスパーソンが地域のスポーツチームや美術館のマーケティング業務を請け負って、その対価としてチケットや入場券を受け取る。農家のインターネット通販のコンサルタントをすることによって現物のコメや野菜をもらう。そういったことができるようになれば、地域に幸せの好循環を生み出すことができます。

今後、ますます高齢化が進み、税金も社会保障費も上がっていく中においては、そのような金銭を媒介としない物々交換は重要な意味を持つことになるでしょう。

会社を辞めた後もフローを得る

最後に私自身の三〇年後について考えます。

かつて野村総研で駆けだしのコンサルタントだった頃、ゲートボール場を建設する仕事をずいぶん手掛けたことがありました。あの頃は、高齢者のスポーツといえばゲートボールと決まっていて、一九九〇年頃は愛好者が六〇〇万人いたと推定されています。

ところが、その後、高齢者の数は増えたにもかかわらず、ゲートボールの人気は衰えてきました。現在、愛好者数は一〇〇万人を切ったと見られています。その理由は、チームスポーツなのでメンバーを確保しなければならないが、それが難しい、老人がやるものというイメージがネガティブに受け止められる、高齢者が楽しむスポーツそのものが多様化、細分化している、といったことのようですが、そもそも「現役引退＝老後＝時間がある」と決めつけてしまうこと自体が間違っているようにも思われます。最近の高齢者の中には、会社を定年退職してからも、再雇用その他の方法で何かしらの職を得て働いている人が多く、そうした変化がゲートボールの衰退の背景にはあるのではないでしょうか。

私もヤフーを去る日が来たとしても、悠々自適な、または晴耕雨読的な生活は選ばないと思います。

以前、野村総研ＯＢの山田澤明さん（現・北海道大学教授）から、「引退後の生活に必要なのは、ストックではなくフロー」という話を聞いたことがあります。その時点でどのくらいお金を貯めているかではなく、毎月どのくらいの収入があるのかが大事だということです。

たしかにその通りで、たとえ数千万円の預金があったとしても、その残高が日々、目減りしていくような暮らしを送っていると、精神的なゆとりが失われます。できれば、毎月、自分が遊ぶためのお金ぐらいは稼げる状態にしておいた方が、気が楽というものです。

では、そうしたフローを得るためにはどうすればいいのでしょうか。

前出のリンダ・グラットンは、二〇二五年を想定して未来の働き方について論じた『WORK SHIFT（ワーク・シフト）』（池村千秋訳、プレジデント社、二〇一二年）の中で、その時代に成功できるかどうかは、広く浅い知識や技能を持つジェネラリストを脱却し、専門技能の連続的習得者への抜本的なシフトを遂げる必要があると述べています。そのうえで、バーチャル化が進む未来においては、人々が日々の生活の道案内を得て自信を持って働き、多忙を極めるスケジュールを乗り切るための支援が重要になると指摘し、コーチング・ケア関連の専門技能の価値が高まるだろうと予測しています。

この領域の仕事として、彼女が経済学者ロバート・ライシュの研究を引用しつつ挙げるのは、コンピューティング（Computing）、ケアリング（Caring）、ケータリング（Catering）、コンサルティング（Consulting）、コーチング（Coaching）というCから始まる五つの職種です。

これらはいずれも、経験や共感力が要求される仕事であり、ＡＩに取って代わられることもないでしょうし、その中には、六〇歳以上の人にも向いている仕事も含まれているのではないでしょうか。

私自身は地方への移住も真剣に検討し始めています。というのも、東京という土地に暮らすことが本当に幸せなことなのかどうか、最近よくわからなくなったからです。

国内出張をする度に感じることですけれども、北海道に行けば、おいしいものが食べられます。関西に行っても、おいしいものが食べられます。九州に行っても、おいしいものが食べられます。ところが、東京に帰ってくると、おいしいものが食べられません。

正確にいえば、東京では高いお金を払わないと、おいしい物が食べられないのです。東京は便利で刺激的な街だと思いますが、果たして自分の価値観にフィットしているのかどうか、この頃、疑問を感じます。

ヤフーでは、他社とともに次世代リーダー人材が北海道美瑛町に集まって地域の課題を解決する研修「地域課題解決プロジェクト」を行っており、それを機に同町に頻繁に通うようになったことも、地方で暮らしたいと考えるきっかけになりました。

冨山和彦氏（経営共創基盤・代表取締役CEO）が著書『なぜローカル経済から日本は甦るのか』（PHP新書、二〇一四年）で、グローバル経済とローカル経済を対比して主張していることですが、日本ではGDPや雇用の七割がローカル経済圏の産業によって生み出されているにもかかわらず、ローカル経済は人手不足で困っているといいます。

だとすれば、これまでに私が学んできたことや積み上げてきたものを地方で生かしてもいいのではないか、というのが近年、私の中で芽生えてきた願望です。すでに述べたように、地方で暮らせば居住費は安くなりますし、よけいな見栄も張る必要はありませんから、生活コストが抑えられるというメリットもあります。

仲間づくりのためのコミュニティと信用

ヤフーを定年で去っていった先輩に「高齢者になってもいきいきとしている人と、そうでない人の違いは何ですか」と尋ねたことがあります。返ってきた答えは、「健康であることと、仲間がいること」でした。

健康が第一というのは当然のことだと思います。高齢になってから大病を患ったり手術をしたりすると、その後の回復が大変です。やはり自分の健康は自分でつくっていかなくてはなりません。

仲間がいることが大事だという指摘ももっともです。ビジネスパーソンは定年までは一生懸命に会社に尽くしますが、いざ定年を迎えると、家族以外に周りに人がいない、趣味もないから友人もいない、という状態に陥りがちです。

コミュニケーション・ストラテジストの岡本純子氏は、近年、欧米で明らかになったいくつもの研究をベースに「孤独は万病のもと」だと警鐘を鳴らしています。孤独のリスクは、①タバコを一日に一五本吸うことに匹敵し、②アルコール依存症であることに匹敵し、③運動をしないことよりも大きく、④肥満の二倍大きい、というのです。

なぜなら、人は社会的動物であるため、孤独が常態化すると身体のストレス反応が過剰に刺激され、高血圧や白血球の生成にも影響を与えてしまいます。それによって、心臓発作などが起きやすくなり、遺伝子レベルでも変化が現れて免疫システムが弱くなり、その結果、さまざまな病気にかかりやすくなるというのです。

孤独は世界共通の問題ですが、中でも日本人の孤独の深刻度は群を抜いているとも岡本氏は指摘します。ＯＥＣＤの調査（二〇〇五年）によると、日本人で友人、同僚、その他のコミユニティの人と「ほとんどつき合わない人」の割合は一五・三％で平均（六・七％）の二倍以上、加盟国中ワースト一位でした。

この孤独の犠牲者になりやすいのが、とりわけ中高年の男性です。彼ら（私もですが）は女性と比べてコミュニケーションが不器用で、他人とも打ち解けにくいため、定年後は心を通わせる相手がいない「さびしいオジサン」になりやすいそうです（岡本純子『世界一孤独な日本のオジサン』角川新書、二〇一八年）。

まことに耳の痛い話ですが、私が考えるに、孤独にならないよう仲間づくりを進めていくうえでのキーワードは、「コミュニティ」と「信用」です。

岡本氏も言及していますが、日本人は欧米人と比べて、NGO（非政府組織）やNPO（非営利組織）、宗教やスポーツのサークル・団体といった、家庭や仕事以外のコミュニティとのつながりが希薄です。米国人は平均で三つ以上のグループ活動に参加していますが、日本人の平均は〇・八グループという水準だそうです（前掲書）。ですから、いきなりというわけにはいかないでしょうが、これからは意識的に、自分が所属したいコミュニティを探すように心掛けたいと私は思っています。

未来においては、人々はコミュニティに属するために自分の信用度を自ら高めていくようになっていくだろうとも想像しています。

現在、人にまつわる信用情報は、たとえば金融機関が個人に融資する際に、その人の所得や保有資産や健康状態を把握するとか、延滞のブラックリストを確認するとか、連帯保証人になってくれそうな人がいるかどうかを調べる、といったやり方で収集されます。

また、京都の花街などに見られる「一見さん、お断り」のしきたりも信用と関係があります。というのも、お座敷遊びでかかった料金はいったんお茶屋が立て替え、後日、お客に請求します。だから、初めてお茶屋を利用する人は常連客から紹介してもらうことによって、自分が信用に値する人間であることを店側に示すわけです。

要するに現状では、人々の信用度は、その人に関する情報を調査したり、その人が持つ人脈から推量したりすることによって測られているわけですが、三〇年後にはテクノロジーのさらなる発達により、それがあらゆる生活場面で測定されるようになると私は見ています。

今でも、インターネット通販で商品を購入した人が店舗のサービスを評価するとか、タクシーの配車アプリで、お客が利用したタクシーを評価するといった仕組みはありますが、今後はそうしたサービス提供者に限らず、すべての人があらゆる生活シーンにおける自分の行為や言動を他者から評価され、そのデータをもとに信用度を測られるような社会になるのではないかと思うのです。

こういうと、「監視社会になるのではないか」と窮屈に感じる人がいるかもしれません。しかし、私がイメージしているのはそういう社会ではありません。人々がお互いのいいところを評価し合うことで、すべての人の信用度がポイント制のような目に見える形でわかるような社会、つまり「正直者がバカを見ない社会」が到来すると期待しているのです。

そのような社会では、信用度の高い人はさまざまなコミュニティで歓迎され、そこでメンバー同士のモノやサービスの売買や物々交換にも好条件で参加できるようになるかもしれません。

三〇年後、私もそういうコミュニティに入って、いい仲間をつくれているかどうか。それは今後の生き方にもかかっているのでしょう。

おわりに

本のタイトルを考えるのは、本を書くことと同じくらい難しい作業です。しかも文章を書く時に使う脳とは異なる脳を使うように思えます。私にとっては苦手で、あとまわしにしたくなることです。

一方で、唸るような見事なタイトルをつける人もいます。

たとえば、私の同僚の安宅和人さんの『イシューからはじめよ』（英治出版、二〇一〇年）も、伊藤羊一さんの『1分で話せ』（SBクリエイティブ、二〇一八年）も素晴らしい内容ですし、難しいテーマを扱っていますが、タイトルはシンプル。ベストセラーであるだけでなく、読者に高く評価されるのもうなずけます。

お二人には遠く及ばないものの、この本は、私にとって三冊目、ヤフーの人事の考え方についてふれたという意味では四冊目の本になります。なので、なんとか気の利いたタイトルをつけたいと思うのですが、名案が浮かばず、苦しみました。

担当編集者の樋口さんのお力を借りながらも時間切れ。苦し紛れにつけたタイトルが、『残業の9割はいらない』です。

なぜこのタイトルなのか。その理由は以下の通りです。

理由①

この本をつくると決めた二〇一七年は「働き方改革」がブームであり、当初は、ヤフーの働き方改革について述べる本にしようと考えていた。しかし、それから一年が経過して、働き方改革に関する良書がたくさん刊行されたので、同じような本をつくることに意味を感じなくなってきた。

理由②

とはいえ、「働き方改革」は、多くの働く人にとって重要な課題であり、きちんとメッセージを届けたかった。

理由③
「働き方改革」にはいろいろな切り口があるが、「残業」は働く人にとって身近なテーマである。しかし、「残業」を減らすためには、本人だけでなく、経営者や管理職が変わらないといけないが、案外それが伝わっていない現状があった。

理由④
これまでの残業は、どんなに効率的に仕事をしても所定労働時間内に終えられる量ではないといったやむを得ない理由というよりも、企業文化や不完全な人事評価制度など、経営者の経営能力や管理職（現場）の人事力が低いことに起因する。

理由⑤
もっとも、経営者や管理職が変わらないといけないのは、残業だけでなく、「働き方改革」についても同じことである。

それにしても、「9割」なんて本当か？　と感じられる方がいるかもしれません。私も「現状では5割くらいかな」と伝えてみたのですが、樋口さんに「それだとインパクトに欠ける。『正しい成果主義』が実現した未来の状況をタイトルにしたい」と却下されてしまいました。

本をつくるという作業は一人ではできません。そして本は、手に取って、読んでもらわないといけません。なので、本書のタイトルについても、レトリックとしての意味を含んだものとしてご理解いただけるとうれしいです（都合のよい話ですみません）。

筆を擱くにあたって（キーボードをつかっていますが）、お世話になった方々にお礼を伝えさせてください。まずは、ヤフーの人事を一緒に考え、つくってきた現人事責任者（執行役員）である湯川高康さん、コミュニケーションの視点からアドバイスをもらっている加納美幸さん（コーポレートコミュニケーション本部本部長）。ときに型破りの人事を温かく見守ってくれた宮坂学さん（会長）、川邊健太郎さん（社長）、大矢俊樹さん（元CFO）はじめとするヤフーのみなさん。

次に、研究者でありながら、現場をよくご存じで、僕の些末な質問に丁寧に答えてくださる中原淳さん（立教大学）、高田朝子さん（法政大学）。人事の先輩として（ときに人生の先輩として）示唆だけでなく機会を与えてくださっている有沢正人さん（カゴメ株式会社常務執行役員CHO）、大谷友樹さん（ヤマトホールディングス常務執行役員）。

よき友人でありよき壁打ち相手でもある、三崎冨査雄さん（野村総合研究所パートナー）、渋谷和久さん（パーソル総合研究所代表取締役社長）、武井繁さん（HRソリューションズ代表取締役社長）。

最後に、前作『会社の中はジレンマだらけ』からのパートナーである、秋山基さん、光文社の樋口健さん。

みなさんに心から感謝いたします。

ありがとうございました。


最後に、もう一度、質問させてください。

三〇年後、あなたは何歳になっていますか？

そのとき、どんな仕事をしていますか？

仕事をしているとしたら、どんな働き方をしていると思いますか？

二〇一八年六月

本間浩輔

構成／秋山　基
撮影／石田純子（光文社写真室）

本間浩輔（ほんまこうすけ）
ヤフー株式会社常務執行役員・コーポレートグループ長。1968年神奈川県生まれ。早稲田大学卒業後、野村総合研究所入社。その後、後にヤフーに買収されるスポーツナビ（現ワイズ・スポーツ）創業に参画。2014年よりヤフー執行役員。同社においてさまざまな人事制度改革に取り組んでいる。'14年、日本の人事部「HRアワード」最優秀賞（個人の部）受賞。著書に『会社の中はジレンマだらけ』（光文社新書、中原淳氏との共著）などがある。

残業《ざんぎょう》の9割《わり》はいらない　ヤフーが実践《じっせん》する幸《しあわ》せな働《はたら》き方《かた》

2018年7月30日初版1刷発行

著　者 —— 本間浩輔
発行者 —— 田邉浩司
装　幀 —— アラン・チャン
印刷所 —— 堀内印刷
製本所 —— フォーネット社
発行所 —— 株式会社光文社
東京都文京区音羽1-16-6（〒112-8011）
https://www.kobunsha.com/
電　話 —— 編集部03(5395)8289　書籍販売部03(5395)8116
業務部03(5395)8125
メール —— sinsyo@kobunsha.com

 ISBN 978-4-334-04361-2

924
追及力
権力の暴走を食い止める

望月衣塑子　森ゆうこ

森友・加計問題の質疑で注目される新聞記者と政治家が「問う意味」を巡り大激論。なぜ二人は問題の本質を見抜けたのか？　一強多弱の今、ジャーナリズムと野党の意義を再考する。

978-4-334-04330-8

925
美術の力
表現の原点を辿る

宮下規久朗

絵画とは何か、一枚の絵を見るということは、芸術とは――。初めてのイスラエルで訪ね歩いたキリストの事蹟から、津軽の供養人形まで。美術史家による、本質を見つめ続けた全35編。

978-4-334-04331-5

926
応援される会社
熱いファンがつく仕組みづくり

新井範子　山川悟

単なる消費者ではなく能動的な「応援者」を増やすことが、生涯顧客価値を高めていく――。熱いファンによって支えられる国内外の会社の事例をもとに、「応援経済」をひもといた。

978-4-334-04332-2

927
1985年の無条件降伏
プラザ合意とバブル

岡本勉

'80年代、あれほど元気でアメリカに迫っていた日本経済が、なぜ「失われた20年」のような長期不況に陥ってしまったのか？　現代日本史の転換点を臨場感たっぷりに描く。

978-4-334-04333-9

928
老舗になる居酒屋
東京・第三世代の22軒

太田和彦

佳き酒、肴は、店主の誠実さの賜。東京に数ある居酒屋の中で、開店から10年に満たないような若い店だが、今後老舗になっていきそうな気骨のある22軒を、居酒屋の達人・太田和彦が訪ね歩く。

978-4-334-04334-6

929
患者の心がけ
早く治る人は何が違う？
酒向正春

良い医療、良い病院を見分けるには？ 多くの患者さんに奇跡をもたらしてきた脳リハビリ医が語る、医療の真髄——医療の質、チーム医療、ホスピタリティ——と回復への近道。

978-4-334-04335-3

930
メルケルと右傾化するドイツ
三好範英

メルケルは世界の救世主か？ 破壊者か？ メルケルの生涯と業績をたどり、その強さの秘密と危機をもたらす構造を分析する。山本七平賞特別賞を受賞した著者による画期的な論考。

978-4-334-04336-0

931
常勝投資家が予測する日本の未来
玉川陽介

空き家問題、人工知能によってなくなる仕事、新たな基幹産業、国策バブルの着地点——。「金融経済」「情報技術」「社会システム」の観点から「2025年の日本」の姿を描き出す。

978-4-334-04337-7

932
誤解だらけの人工知能
ディープラーニングの限界と可能性
田中潤
松本健太郎

人工知能の研究開発者が語る、第3次人工知能ブームの終焉の可能性と、ディダクション（演繹法）による第4次人工知能ブームの幕開け。人工知能の未来を正しく理解できる決定版！

978-4-334-04338-4

933
社会をつくる「物語」の力
学者と作家の創造的対話
木村草太
新城カズマ

AI、宇宙探査、核戦争の恐怖…現代で起こる事象の全ては「フィクション」が先取りし、世界を変えてきた。憲法学者とSF作家が、現実と創作の関係を軸に来るべき社会を描く。

978-4-334-04339-1

934
「女性活躍」に翻弄される人びと
奥田祥子

女の生き方は時代によって左右される――。人びとの等身大の本音を十数年に及ぶ定点観測ルポで掬い上げ、「女性活躍」推進のジレンマの本質を解き明かし、解決策を考える。

978-4-334-04340-7

935
検証 検察庁の近現代史
倉山満

国民の生活に最も密着した権力である司法権。警察を上回る権限を持つ検察とはいかなる組織なのか。注目の憲政史家が、一つの官庁の歴史を通して日本の近現代史を描く渾身の一冊。

978-4-334-04341-4

936
最強の栄養療法「オーソモレキュラー」入門
溝口徹

がん、うつ、アレルギー、発達障害、不妊、慢性疲労…etc. 全ての不調を根本から改善し、未来の自分を変える「食事と栄養素の力」とは。日本の第一人者が自身や患者の症例を交え解説。

978-4-334-04342-1

937
住みたいまちランキングの罠
大原瞠

便利なまち、「子育てしやすい」をアピールするまち、イメージのよいまち、ランキング上位の住みたいまちは、本当に住みやすいのか？ これまでにない、まち選びの視点を提示。

978-4-334-04343-8

938
空気の検閲
大日本帝国の表現規制
辻田真佐憲

エロ・グロ・ナンセンスから日中戦争・太平洋戦争時代まで、大日本帝国期の資料を丹念に追いながら、一言では言い尽くせない、摩訶不思議な検閲の世界に迫っていく。

978-4-334-04344-5

939
藤井聡太はAIに勝てるか？
松本博文

コンピュータが名人を破り、今や人間を超えた。しかし藤井はじめ天才は必ず現れ、歴史を着実に塗り替えていく。奇蹟の中学生とコンピュータの進化で揺れる棋界の最前線を追う。

978-4-334-04345-2

940
AI時代の新・ベーシックインカム論
井上智洋

未来社会は「脱労働社会」――。ベーシックインカムとは何か。財源はどうするのか。現行の貨幣制度の欠陥とは。導入最大の壁とは。AIと経済学の関係を研究するパイオニアが考察。

978-4-334-04346-9

941
素人力
エンタメビジネスのトリック?!
長坂信人

「長坂信人を嫌いだと言う人に会った事がない」――秋元康氏。超個性的なメンバーを束ねる制作会社オフィスクレッシェンド代表による仕事術、経営術とは？ 堤幸彦監督との対談も収録。

978-4-334-04347-6

942
東大生となった君へ
真のエリートへの道
田坂広志

東大卒の半分が失業する時代が来る。その前に何を身につけるべきか？ 高学歴だけでは活躍できない。論理思考と専門知識が価値を失う「人工知能革命」の荒波を、どう越えていくか？

978-4-334-04348-3

943
グルメぎらい
柏井壽

おまかせ料理ではなくお仕着せ料理、味よりもインスタ映え、料理人と馴れ合うブロガー。今のグルメ事情はどこかおかしい――。二十五年以上食を語ってきた著者による、覚悟の書。

978-4-334-04349-0

944
働く女の腹の底
多様化する生き方・考え方
博報堂キャリジョ研

今の働く女性たちは何を考え、どう生きているのか？「キャリア（職業）を持つ女性」＝通称「キャリジョ」を徹底分析。多様化する、現代を生きる女性たちのリアルに迫る。

978-4-334-04350-6

945
日本の分断
切り離される非大卒若者《レッグス》たち
吉川徹

団塊世代の退出後、見えてくるのは新たな分断社会の姿だった――。計量社会学者が最新の社会調査データを元に描き出す近未来の日本。社会を支える現役世代の意識と分断の実態。

978-4-334-04351-3

946
日本サッカー辛航紀
愛と憎しみの100年史
佐山一郎

「日本社会」において「サッカー」とは何だったのか。一九二一年の第一回「天皇杯」から、二〇一八年のロシアW杯出場までおおよそ一世紀を、貴重な文献とともに振り返る。

978-4-334-04352-0

947
非正規・単身・アラフォー女性
「失われた世代」の絶望と希望
雨宮処凛

「失われた二〇年」とともに生きてきた受難の世代――。仕事・お金・介護・孤独……。現代アラフォー女性たちの「証言」から何が見えるのか。ライター・栗田隆子氏との対談を収録。

978-4-334-04353-7

948
天皇と儒教思想
伝統はいかに創られたのか？
小島毅

「日本」の国名と「天皇」が誕生した八世紀、そして近代天皇制に生まれ変わった十九世紀、いずれも思想資源として用いられたのは儒教だった。新しい「伝統」はいかに創られたか？

978-4-334-04354-4

949
デザインが日本を変える
日本人の美意識を取り戻す
前田育男

個性と普遍性の同時追求、生命感の表現、匠技への敬意。経営危機の自動車会社を世界一にしたデザイン部長の勝利哲学。新興国との競争で生き残るには、一つ上のブランドを目指せ！

978-4-334-04355-1

950
さらば、GG資本主義
投資家が日本の未来を信じている理由
藤野英人

ドン詰まりの高齢化日本に、ついにさまざまな立場から変化の兆しが見えてきた。金融庁の改革、台頭する新世代の若者たち……etc. 現代最強の投資家が語る、日本の新たな可能性。

978-4-334-04356-8

951
人生後半の幸福論
50のチェックリストで自分を見直す
齋藤孝

40代、50代は人生のハーフタイム。今、立て直せばあなたは必ず幸せになれる。人生100年時代、75歳までを人生の黄金期にするための方法をチェックリスト形式で楽しくご案内！

978-4-334-04357-5

952
日本人はなぜ臭いと言われるのか
体臭と口臭の科学
桐村里紗

「におい」は体の危機を知らせるシグナル。体臭・口臭に気付き改善することは根本的な健康増進につながる。におい物質と嗅覚や脳の関係、体臭をコントロールする方法なども紹介。

978-4-334-04358-2

953
知の越境法
「質問力」を磨く
池上彰

森羅万象を噛み砕いて解説し、選挙後の政治家への突撃取材でお馴染みの池上彰。その活躍は〝左遷〟から始まった。領域を跨いで学び続ける著者が、一般読者向けにその効用を説く。

978-4-334-04359-9

954
警備ビジネスで読み解く日本
田中智仁

警備ビジネスは社会を映す鏡――。私たちは、あらゆる場所で警備員を目にしている。だが、その実態を知っているだろうか？　「社会のインフラ」を通して現代日本の実相を描き出す。

978-4-334-04360-5

955
残業の9割はいらない
ヤフーが実践する幸せな働き方
本間浩輔

あなたの残業は、上司と経営陣が増やしている。「1 on 1」「どこでもオフィス」など数々の人事施策を提唱してきたヤフー常務執行役員が「新しい働き方」と「新・成果主義」を徹底解説。

978-4-334-04361-2

956
私が選ぶ名監督10人
采配に学ぶリーダーの心得
野村克也

川上、西本、長嶋、落合…監督生活24年の「球界の生き証人」が10人の名将を厳選し、「選手の動かし方」によって5タイプに分類。歴代リーダーに見る育成、人心掌握、組織再生の真髄。

978-4-334-04362-9

957
地上最大の行事　万国博覧会
堺屋太一

六四二一万人の入場者を集め、目に見える形で日本を変えた70年大阪万博の成功までの舞台裏を、その総合プロデューサーであった著者が初めて一冊の本として明かす！

978-4-334-04363-6

958
一度太るとなぜ痩せにくい？
食欲と肥満の科学
新谷隆史

いつか痩せると思っていても、なかなか痩せられない……。肥満傾向のある人、痩せられない人のために最新の知見を報告。健康に生きるヒントを伝える。【生物学者・福岡伸一氏推薦】

978-4-334-04364-3